„Entdecken Sie das neue Grammatiklernen! Los geht's!"

Grammatik Deutsch Bild für Bild
Herausgegeben von der Langenscheidt-Redaktion

Projektleitung: Nadine Widl
Texte: Petra Bartoli y Eckert
Redaktion: Nadine Widl
Lektorat: Kathrin Axtner
Kreative und technische Umsetzung: zweiband.media, Berlin
Corporate Design Umschlag: KW 43 BRANDDESIGN, Düsseldorf
Umschlaggestaltung: Guter Punkt, München
Bildmaterial Innenteil: Bildnachweis S. 302 bis S. 304

Druck und Bindung: Druckerei C. H. Beck, Nördlingen
www.langenscheidt.com

ISBN: 978-3-468-34805-1

18010

Langenscheidt

Grammatik Deutsch Bild für Bild

Die visuelle Grammatik für den leichten Einstieg

von Petra Bartoli y Eckert

Langenscheidt
München · Wien

Liebe Leserin, lieber Leser,

mit diesem Buch haben Sie sich für eine Grammatik entschieden, die wirklich anders ist!

Sie wurde speziell für visuelle Lerntypen konzipiert, aber auch alle anderen Lerner können von den Vorteilen dieser besonderen Lernmethode profitieren. Sicherlich kennen Sie den Spruch „Ein Bild sagt mehr als tausend Worte." – das gilt jetzt auch fürs Grammatiklernen!

Die schönen Fotos und zahlreichen Illustrationen in dieser Grammatik sind nicht nur hübsch anzusehen – sie helfen Ihnen auch dabei, komplexe Zusammenhänge besser zu verstehen und sich diese schneller einzuprägen. Durch die vielen alltagsnahen Beispielsätze werden die Grammatikregeln veranschaulicht und die zugehörigen Illustrationen bilden Eselsbrücken, die sich das Gehirn ganz einfach merken kann.

Auch das klare Farbsystem – jedes Thema hat seine eigene Farbe innerhalb des Kapitels – und die gut strukturierten Tabellen erleichtern das Einprägen. Und nicht zuletzt sorgt die moderne, frische Gestaltung dafür, dass man das Buch immer wieder gerne zur Hand nimmt. Denn auch positive Emotionen sind beim Lernen ganz wichtig:

Wer mit Freude bei der Sache ist,
kommt schneller ans Ziel!

Daher wünschen wir Ihnen nun viel Erfolg
und vor allem großen Spaß beim Lernen und Nachschlagen!

Ihre Langenscheidt-Redaktion

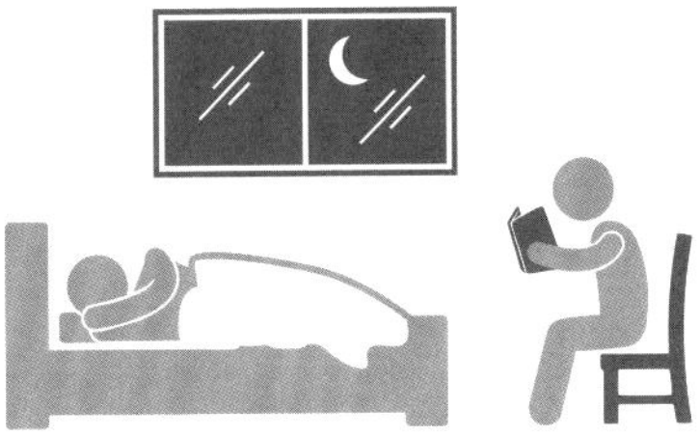

So funktioniert dieses Buch

Dieses Buch hat 20 Kapitel und setzt sich aus 4 großen Themenblöcken zusammen: Beginnend bei den Wortarten führt es weiter über die Zeiten und die Verbformen hin zum Satzbau.

Jedes Kapitel beginnt mit einer Einstiegsseite, die im Überblick alle Kapitelthemen aufführt. Diese Seite dient der Orientierung und hilft Ihnen dabei, schnell das Thema zu finden, das Sie lernen oder nachschlagen möchten.

Jedes Grammatikthema hat innerhalb des Kapitels seine eigene Farbe: Markierungen und Hervorhebungen unterstützen das Lernen und sorgen gleichzeitig dafür, dass man das farbenfrohe Buch gerne zur Hand nimmt: Das Auge lernt schließlich mit!

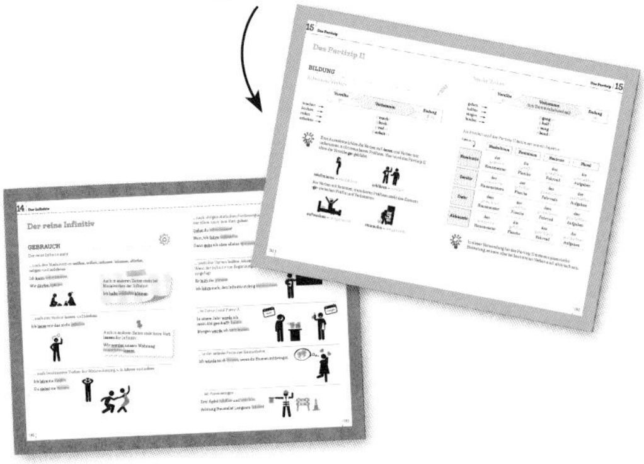

Am Ende jedes Kapitels fassen die „Auf einen Blick"-Seiten das Wichtigste noch einmal kurz und knapp zusammen.

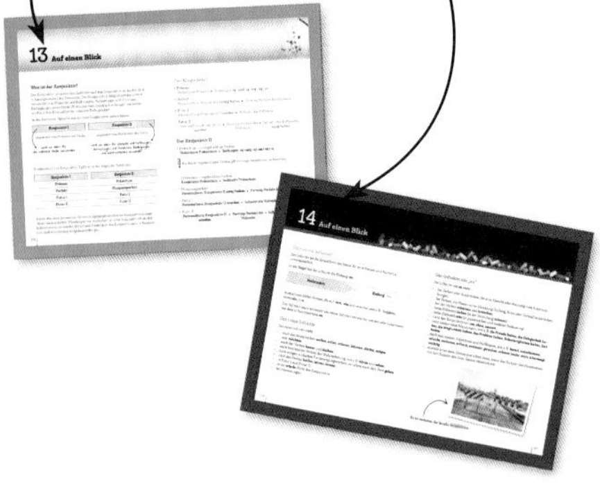

Die Grammatikthemen sind meist nochmals in kurze und leicht überschaubare Abschnitte unterteilt.

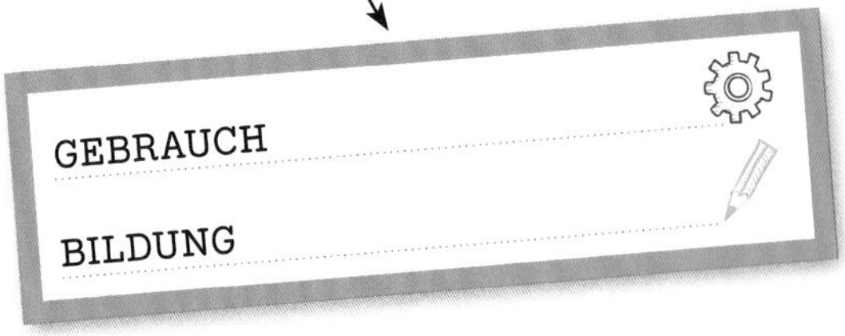

Dieses Symbol kennzeichnet Merksätze, die auf allerlei Wissenswertes hinweisen.

Dieses Symbol ruft „Achtung, aufgepasst!": Es macht auf Ausnahmen und typische Fehlerquellen aufmerksam.

Übersichtliche Tabellen, Wortlisten und Infografiken erleichtern das Einprägen und Merken.

Im Anhang finden Sie zum schnellen Lernen und Nachschlagen hilfreiche Übersichten, z.B. zu den unregelmäßigen Verben.

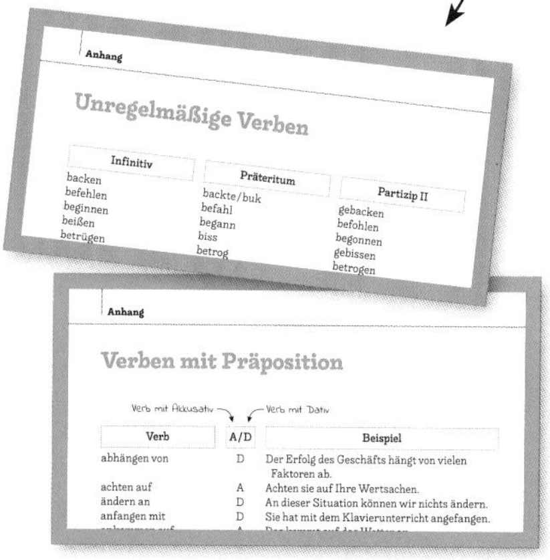

Die zahlreichen Bilder und Illustrationen lockern nicht nur auf, sondern dienen als Eselsbrücken und leisten damit eine wichtige Hilfestellung beim Verstehen der Grammatik.

So macht lernen Spaß!

1 Der Artikel

Der bestimmte Artikel

Der unbestimmte Artikel

Der Nullartikel

Auf einen Blick

Der bestimmte Artikel

BILDUNG

der	die	das
Maskulinum	Femininum	Neutrum
 der Mann	 die Frau	 das Kind

Der Artikel der

Kasus

Kasus	Singular	Plural
Nominativ	der Stift	die Stift**e**
Genitiv	des Stift**(e)s**	der Stift**e**
Dativ	dem Stift	den Stift**en**
Akkusativ	den Stift	die Stift**e**

Er schreibt mit dem Stift.

Sie malt mit den Stiften.

Der Artikel die

Kasus	Singular	Plural
Nominativ	die Blume	die Blume**n**
Genitiv	der Blume	der Blume**n**
Dativ	der Blume	den Blume**n**
Akkusativ	die Blume	die Blume**n**

Was machst du?

Ich pflücke **die** Blume.

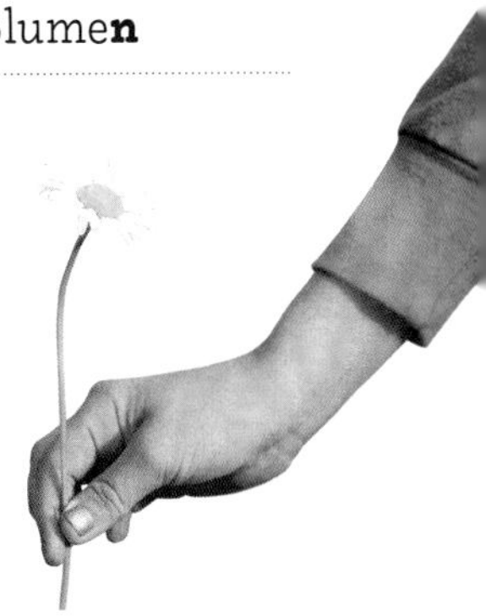

Der Artikel das

Kasus	Singular	Plural
Nominativ	das Hemd	die Hemd**en**
Genitiv	des Hemd**(e)s**	der Hemd**en**
Dativ	dem Hemd	den Hemd**en**
Akkusativ	das Hemd	die Hemd**en**

das Hemd

die Hemden

Verschmelzung von Artikel und Präposition

Der bestimmte Artikel kann in einigen Fällen mit einer Präposition verschmelzen.

an + dem → am

in + dem → im

bei + dem → beim

von + dem → vom

In der gesprochenen Sprache gibt es noch weitere Formen, z. B. **auf dem – aufm**, **hinter dem – hinterm**, **unter das – unters**.

GEBRAUCH

Der bestimmte Artikel steht vor einem bekannten oder näher bestimmten Substantiv.

Das Substantiv ist allgemein bekannt und/oder einzigartig.

Die Erde dreht sich um **die** Sonne.

Das Substantiv ist aus dem Sinnzusammenhang eindeutig bestimmt.

Der (= dieser) Stift gehört mir.

Der Stift auf dem Schreibtisch gehört mir.

Das Substantiv wurde zuvor schon genannt.

Ich kaufe ein Auto. **Das** Auto ist zwei Jahre alt.

Substantive mit bestimmtem Artikel werden mit **nicht** verneint:

Das ist **der** Stift von Amelie.
Das ist **nicht der** Stift von Amelie.

Der unbestimmte Artikel

BILDUNG

ein	eine	ein
Maskulinum	**Femininum**	**Neutrum**

ein Mann	eine Frau	ein Kind

Ich kaufe mir ein neues Auto.

Kasus	Maskulinum	Femininum	Neutrum
Nominativ	ein Wecker	eine Tasche	ein Buch
Genitiv	eines Wecker**s**	einer Tasche	eines Buch**es**
Dativ	einem Wecker	einer Tasche	einem Buch
Akkusativ	einen Wecker	eine Tasche	ein Buch

Der Plural des unbestimmten Artikels ist eine Nullform:
ein Baum – Bäume, eine Lampe – Lampen, ein Brot – Brote.

Die verneinte Form des unbestimmten Artikels lautet **kein**, **keine**, **kein**:
Das ist ein Wecker.
Das ist **kein** Wecker.

GEBRAUCH

Der unbestimmte Artikel wird verwendet, wenn das Subjekt etwas Neues bzw. Unbekanntes bezeichnet oder eine Unbestimmtheit zum Ausdruck gebracht wird.

Das Substantiv wurde zuvor noch nicht genannt.

Ich kaufe ein Auto. Das Auto ist zwei Jahre alt.

Das Substantiv ist nicht eindeutig bestimmt.

Auf dem Tisch liegt ein (= irgendein) Stift.

Der Nullartikel

GEBRAUCH

In einigen Fällen stehen Substantive ohne Artikel – man spricht dann vom „Nullartikel".

Kein Artikel steht bei ...

... einem Substantiv im Plural, wenn es im Singular mit dem unbestimmten Artikel stehen würde

Singular:
Auf dem Tisch liegt ein Stift.

Plural:
Auf dem Tisch liegen Stifte.

... Stoffbezeichnungen, Sammelbegriffen und Abstrakta, wenn eine unbestimmte Menge bezeichnet wird

Wir tranken Wein und Bier.

Liebe geht durch den Magen.

Ich mag Gemüse.

Hier ist der Stoff näher bestimmt, daher mit einem Artikel!

Ich suche einen trockenen Wein.

... Mengenangaben

drei Liter Wasser

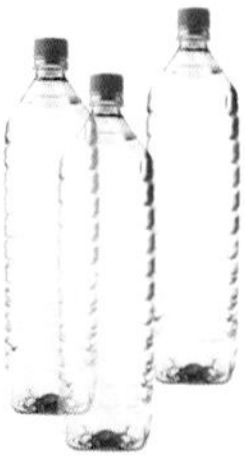

zwei Kilo Äpfel

ein Päckchen Mehl

... vielen geografischen Bezeichnungen

Er wohnt in **Berlin**.

Ich komme aus **Europa**.

Einige geografische Bezeichnungen stehen aber mit dem bestimmten Artikel: **die** Türkei, **die** Niederlande, **die** Schweiz, **die** Bundesrepublik Deutschland, **das** Allgäu, **der** Schwarzwald, **die** Alpen, **der** Bodensee, **das** Mittelmeer usw.

... Eigennamen

Ich habe **Max** getroffen.

Sophie und **Elena** gehen zur Schule.

... Berufs- und Funktionsangaben sowie Gruppenzugehörigkeiten (Nationalität, Religion usw.)

Sie arbeitet als **Lehrerin**.

Er ist **Schweizer**.

Beide sind überzeugte **Christen**.

... Unterrichtsfächern und Studiengängen

Er war schon immer gut in **Mathe**.

Sie studiert **Germanistik**.

... einem vorangestellten Genitiv

Das ist das Auto von Peter. → Das ist Peters **Auto**.

... Aufzählungen von zwei oder mehreren Substantiven

Sie reisten mit **Bus** und **Bahn** quer durch Deutschland.

Kleider, **Hüte** und **Brillen** stehen ihr ausgesprochen gut.

1 Auf einen Blick

Der bestimmte Artikel

Der bestimmte Artikel steht vor einem bekannten oder näher bestimmten Substantiv.

der

Kasus	Singular	Plural
Nominativ	der Stift	die Stift**e**
Genitiv	des Stift**(e)s**	der Stift**e**
Dativ	dem Stift	den Stift**en**
Akkusativ	den Stift	die Stift**e**

die

Kasus	Singular	Plural
Nominativ	die Blume	die Blum**en**
Genitiv	der Blume	der Blum**en**
Dativ	der Blume	den Blum**en**
Akkusativ	die Blume	die Blum**en**

das

Kasus	Singular	Plural
Nominativ	das Hemd	die Hemd**en**
Genitiv	des Hemd**(e)s**	der Hemd**en**
Dativ	dem Hemd	den Hemd**en**
Akkusativ	das Hemd	die Hemd**en**

Der unbestimmte Artikel

Der unbestimmte Artikel wird verwendet, wenn das Subjekt etwas Neues bzw. Unbekanntes bezeichnet oder eine Unbestimmtheit zum Ausdruck gebracht wird.

Kasus	Maskulinum	Femininum	Neutrum
Nominativ	ein Wecker	eine Tasche	ein Buch
Genitiv	eines Wecker**s**	einer Tasche	eines Buch**es**
Dativ	einem Wecker	einer Tasche	einem Buch
Akkusativ	einen Wecker	eine Tasche	ein Buch

Der Nullartikel

Kein Artikel steht bei ...

- ... einem Substantiv im Plural, wenn es im Singular mit dem unbestimmten Artikel stehen würde.
- ... Stoffbezeichnungen, Sammelbegriffen und Abstrakta, wenn eine unbestimmte Menge bezeichnet wird.
- ... Mengenangaben.
- ... vielen geografischen Bezeichnungen.
- ... Eigennamen.
- ... Berufs- und Funktionsangaben sowie Gruppenzugehörigkeiten (Nationalität, Religion usw.).
- ... Unterrichtsfächern und Studiengängen.
- ... einem vorangestellten Genitiv.
- ... Aufzählungen von zwei oder mehreren Substantiven.

2

Das Substantiv

Was ist ein Substantiv?

GEBRAUCH

Im Deutschen werden Substantive immer großgeschrieben und können Greifbares (= Konkreta) und Nicht-Greifbares (= Abstrakta) benennen. Jedes Substantiv zeigt ein bestimmtes Genus (Maskulinum, Femininum, Neutrum), einen bestimmten Numerus (Singular oder Plural) und einen bestimmten Kasus (Nominativ, Genitiv, Dativ oder Akkusativ).

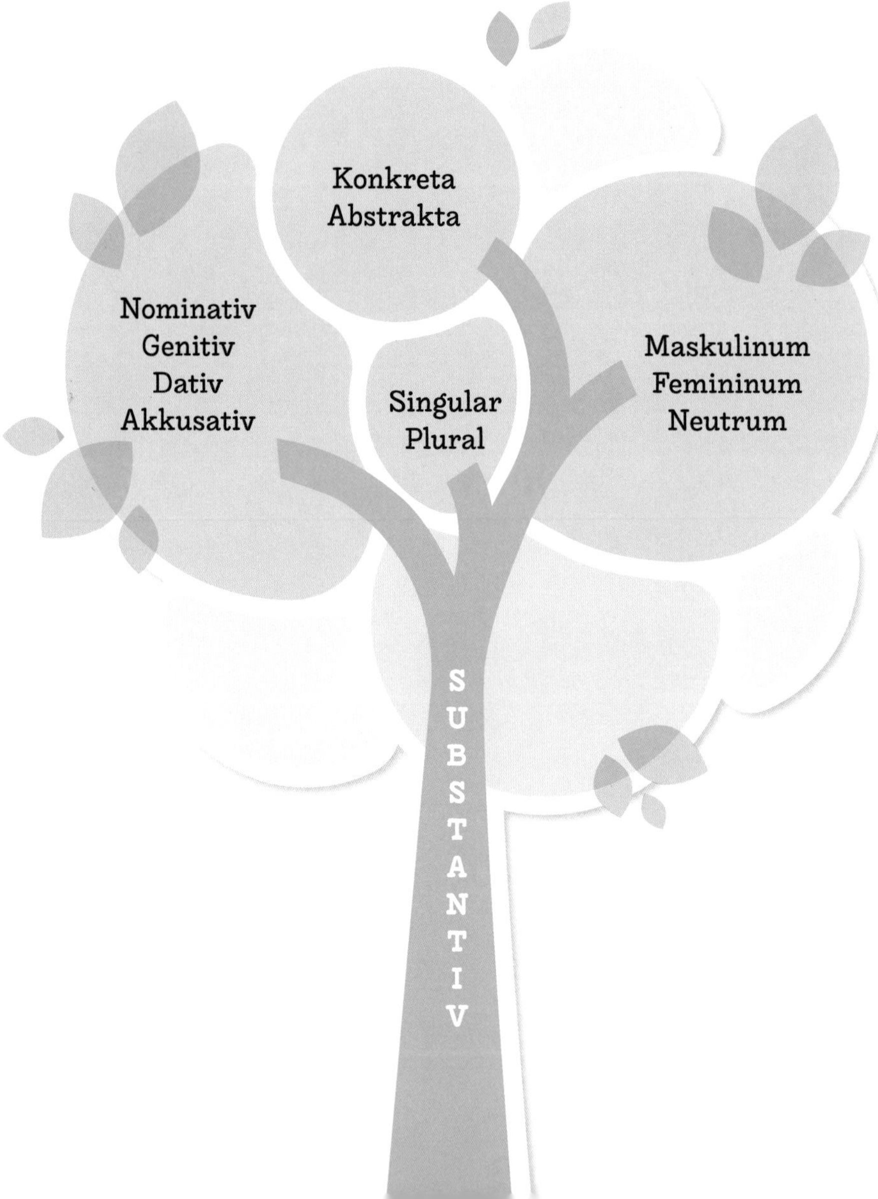

Das Genus

GEBRAUCH

Das Genus des Substantivs ist in den meisten Fällen willkürlich und lässt sich nur am Artikel **der**, **die** oder **das** erkennen.

Im Plural gibt es keine Unterscheidung der Genera. Der bestimmte Artikel lautet immer **die**.

Substantive mit maskulinem Genus

männliche Personen,
männliche Berufsbezeichnungen

der Mann
der Junge
der Sohn
der Anwalt
der Architekt

Substantive mit den Endungen

-e	der Kollege
-er	der Computer
-är	der Revolutionär
-or	der Doktor
-ör	der Frisör
-ig	der Essig
-ich	der Teppich
-eur	der Dompteur
-ent	der Präsident
-and	der Doktorand
-ant	der Fabrikant
-ist	der Polizist
-ling	der Schmetterling
-ient	der Patient
-ismus	der Tourismus

! die Butter
das Alter
die Oper
das Wasser

Substantive, die von Verben abstammen

befehlen – der Befehl
planen – der Plan
fliegen – der Flug

! das Befehlen
das Planen
das Fliegen

Tage, Monate, Jahreszeiten	der Dienstag der Mai der Winter	
Himmelsrichtungen	der Norden der Osten der Süden der Westen	
Niederschläge	der Schnee der Regen der Hagel	
Automarken und Züge	der BMW der Audi der ICE	
alkoholische Getränke	der Wein der Schnaps ! das Bier	
Mineralien und Gesteine	der Marmor der Fels der Rosenquarz der Rubin der Diamant	

Keine Regel ohne Ausnahme! Wie man an dieser Tabelle sieht, gibt im Deutschen die Form des Substantivs nur bedingt Aufschluss über das Genus. Deshalb: Am besten bei jedem Substantiv den bestimmten Artikel gleich mitlernen!

Substantive mit femininem Genus

weibliche Personen,
weibliche Berufsbezeichnungen

die Frau
die Tochter
die Anwältin
die Architektin

! das Mädchen
das Fräulein

Substantive mit den Endungen

-e	die Reise
-ei	die Bücherei
-ie	die Industrie
-ik	die Musik
-in	die Chefin
-ion	die Funktion
-ung	die Zeitung
-enz	die Konferenz
-tät	die Nationalität
-heit	die Freiheit
-keit	die Möglichkeit
-schaft	die Freundschaft

! der Junge
der Affe
das Auge
das Ende

Substantive, die von Verben abstammen und die Endung -t haben

fürchten – die Furcht
tun – die Tat

Zahlen und Schulnoten

die Sieben
die Eins

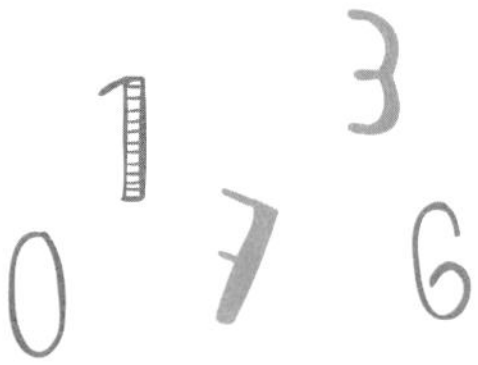

Schiffe, Flugzeuge, Motorradmarken

die Titanic
die Boeing
die Harley

Blumen und Bäume

die Rose
die Tanne

Substantive mit neutralem Genus

Substantive mit den Endungen	
-o	das Büro
-at	das Plakat
-um	das Datum
-ma	das Thema
-nis	das Verzeichnis
-eau	das Niveau
-lein (Verkleinerungsform)	das Vöglein
-chen (Verkleinerungsform)	das Würstchen
-ment	das Element
Substantive, die von Verben abstammen und die Endung -en (d. h. formgleich mit dem Infinitiv) oder -ing haben	essen – das Essen lesen – das Lesen trainieren – das Training campieren – das Camping
Substantive mit der Vorsilbe Ge-	das Gemüse das Gebirge
Sprachen	das Deutsche das Spanische
Substantive, die von Adjektiven abstammen, insbesondere Farbnamen	gut – das Gute rot – das Rote
geografische Eigennamen (Städte, Länder, Kontinente), wenn sie ein Attribut bei sich haben	das schöne Berlin das alte Rom

Die Endungen – oder andere Signale – können immer nur einen Hinweis auf das Genus des Substantivs geben. Besser ist, sich den Artikel gleich einzuprägen, wenn man ein neues Wort lernt!

Substantive mit folgenden Endungen sind Femininum oder Neutrum:

Substantive mit folgenden Endungen sind Maskulinum oder Neutrum:

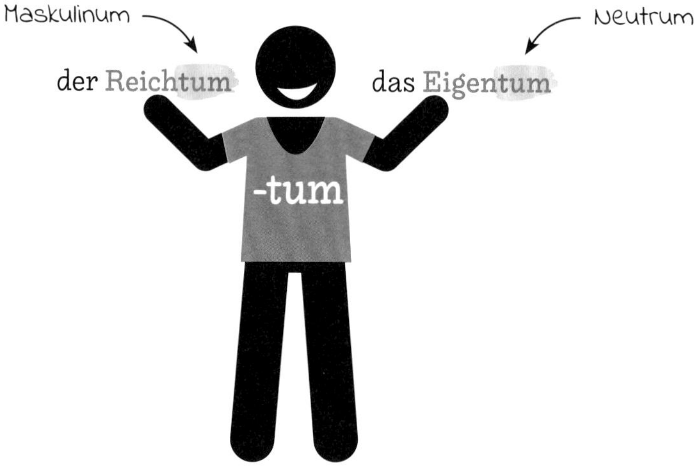

Bei zusammengesetzten Substantiven bestimmt immer das Genus des letzten Substantivs das Genus des gesamten Wortes:

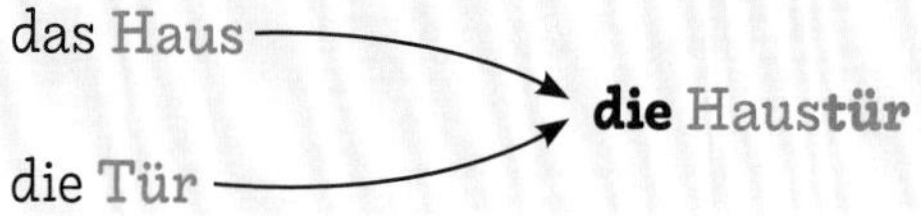

Der Plural

BILDUNG

Pluralformen

Für die Bildung des Plurals gibt es fünf Endungen:

N	→	Endung -n oder -en	die Rose – die Rosen
E	→	Endung -e	das Tier – die Tiere
R	→	Endung -er	das Bild – die Bilder
S	→	Endung -s	das Auto – die Autos
Ø	→	keine Endung	der Lehrer – die Lehrer

N-Plural

Die Endung lautet **-n**, wenn das Substantiv auf ein unbetontes **-e** endet. In allen anderen Fällen lautet sie **-en**.

! Beim N-Plural gibt es keinen Umlaut.

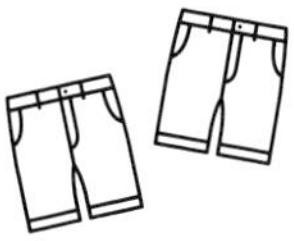

die Hose	die Hosen
die Zeitung	die Zeitungen

E-Plural

Die Pluralbildung **-e** tritt vor allem bei Maskulina und Neutra auf.

! Maskulina haben oft zusätzlich einen Umlaut (a → ä, o → ö, u → ü).

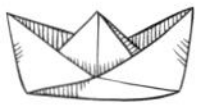

das Boot	die Boote
der Sohn	die Söhne

R-Plural

Die Pluralbildung **-er** tritt vor allem bei (einsilbigen) Neutra auf, oft auch mit Umlaut.

! Feminina können keinen R-Plural haben.

das Kind	die Kinder
das Buch	die Bücher

S-Plural

Die Pluralbildung **-s** tritt bei allen Genera auf.

! Der S-Plural hat nie einen Umlaut.

das Auto	die Autos
das Radio	die Radios

Ø-Plural

Der Null-Plural, d. h. keine Pluralendung, tritt häufig bei Maskulina auf.

! Der Null-Plural hat oft einen Umlaut.

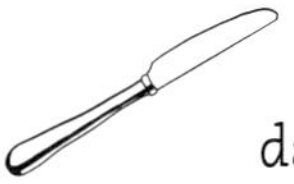

das Messer	die Messer
der Apfel	die Äpfel

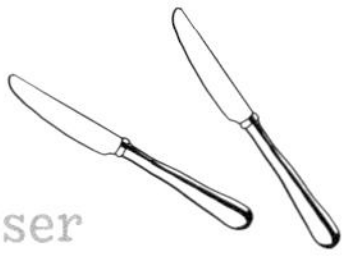

Wie beim Genus gilt auch für den Plural: Zu jedem Substantiv am besten gleich die Pluralform mitlernen!

Singular- und Pluralwörter

Von einigen Substantiven gibt es nur eine Singularform, von anderen nur eine Pluralform.

Hier einige Beispiele:

Substantive, die es nur im Singular gibt:

Substantive, die es nur im Plural gibt:

geografische Begriffe

die Alpen
die Niederlande
die Azoren
die USA

Kollektiva

die Lebensmittel
die Textilien
die Kosten
die Spesen
die Spielwaren

Krankheiten

die Masern
die Röteln

Personengruppen

die Leute
die Geschwister
die Eltern

Substantive, die aus anderen Sprachen entlehnt sind, haben häufig eine ungewöhnliche Pluralform, z. B. das Visum – die **Visa**, der Atlas – die **Atlanten**.

Der Kasus

BILDUNG

Während der Plural meist deutlich erkennbar ist, so sind die Kasusendungen nur noch in Ansätzen vorhanden.

Kasus	Singular				
Nominativ	Löwe	Sohn	Kind	Auto	Lehrer
Genitiv	Löwen	Sohn(e)s	Kind(e)s	Autos	Lehrers
Dativ	Löwen	Sohn	Kind	Auto	Lehrer
Akkusativ	Löwen	Sohn	Kind	Auto	Lehrer

Sie hat den Namen ihres Kindes in den Sand geschrieben.

	Plural				
Kasus	N-Plural	E-Plural	R-Plural	S-Plural	Ø-Plural
Nominativ	Löwen	Söhne	Kinder	Autos	Lehrer
Genitiv	Löwen	Söhne	Kinder	Autos	Lehrer
Dativ	Löwen	Söhnen	Kindern	Autos	Lehrern
Akkusativ	Löwen	Söhne	Kinder	Autos	Lehrer

Manche Kasusendungen werden heute nur noch in festen Wendungen gebraucht:
in diesem Sinn**e**, zu Wasser und zu Land**e**, dem Mann**e** kann geholfen werden.

Eigennamen haben nur im Genitiv eine Kasusendung, das sogenannte Genitiv-s:
Lisas Pauls Schillers Europas

Der Genitiv kann vor oder nach dem Bezugssubstantiv stehen:
Lisas Geschenke – die Geschenke Lisas

2 Auf einen Blick

Was ist ein Substantiv?

Im Deutschen werden Substantive immer großgeschrieben und können Konkretes oder Abstraktes benennen. Jedes Substantiv zeigt ein bestimmtes Genus (Maskulinum, Femininum, Neutrum), einen bestimmten Numerus (Singular oder Plural) und einen bestimmten Kasus (Nominativ, Genitiv, Dativ oder Akkusativ).

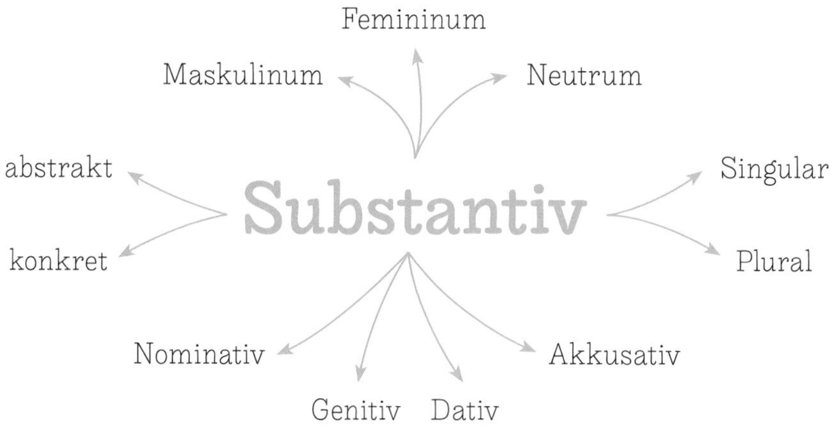

Das Genus

Substantive mit maskulinem Genus

- männliche Personen, männliche Berufsbezeichnungen
- Substantive mit den Endungen: **-e**, **-er**, **-är**, **-or**, **-ör**, **-ig**, **-ich**, **-eur**, **-ent**, **-and**, **-ant**, **-ist**, **-ling**, **-ient**, **-ismus**
- Substantive, die von Verben abstammen
- Tage, Monate, Jahreszeiten
- Himmelsrichtungen
- Niederschläge
- Automarken und Züge
- alkoholische Getränke
- Mineralien und Gesteine

Substantive mit femininem Genus

- weibliche Personen, weibliche Berufsbezeichnungen
- Substantive mit den Endungen: **-e**, **-ei**, **-ie**, **-ik**, **-in**, **-ion**, **-ung**, **-enz**, **-tät**, **-heit**, **-keit**, **-schaft**
- Substantive, die von Verben abstammen und die Endung **-t** haben
- Zahlen und Schulnoten
- Schiffe, Flugzeuge, Motorradmarken
- Blumen und Bäume

Substantive mit neutralem Genus

- Substantive mit den Endungen: **-o**, **-at**, **-um**, **-ma**, **-nis**, **-eau**, **-lein**, **-chen**, **-ment**
- Substantive, die von Verben abstammen und die Endung **-en** oder **-ing** haben
- Substantive mit der Vorsilbe **Ge-**
- Sprachen
- Substantive, die von Adjektiven abstammen, insbesondere Farbnamen
- geografische Eigennamen, wenn sie ein Attribut bei sich haben

Der Plural

Für die Bildung des Plurals gibt es fünf Endungen:

Teilweise kommt zur Pluralendung noch ein Umlaut hinzu.

Der Kasus

Während der Plural meist deutlich erkennbar ist, so sind die Kasusendungen bei Substantiven heutzutage nur noch in Ansätzen vorhanden – vor allem im Genitiv Singular, vereinzelt im Dativ und Akkusativ Singular sowie im Dativ Plural.

3

Das Adjektiv

Was ist ein Adjektiv?

Substantivierte Adjektive

Attributive Partizipien

Auf einen Blick

Was ist ein Adjektiv?

GEBRAUCH

Adjektive beschreiben die Eigenschaft von Personen, Sachen und Handlungen.

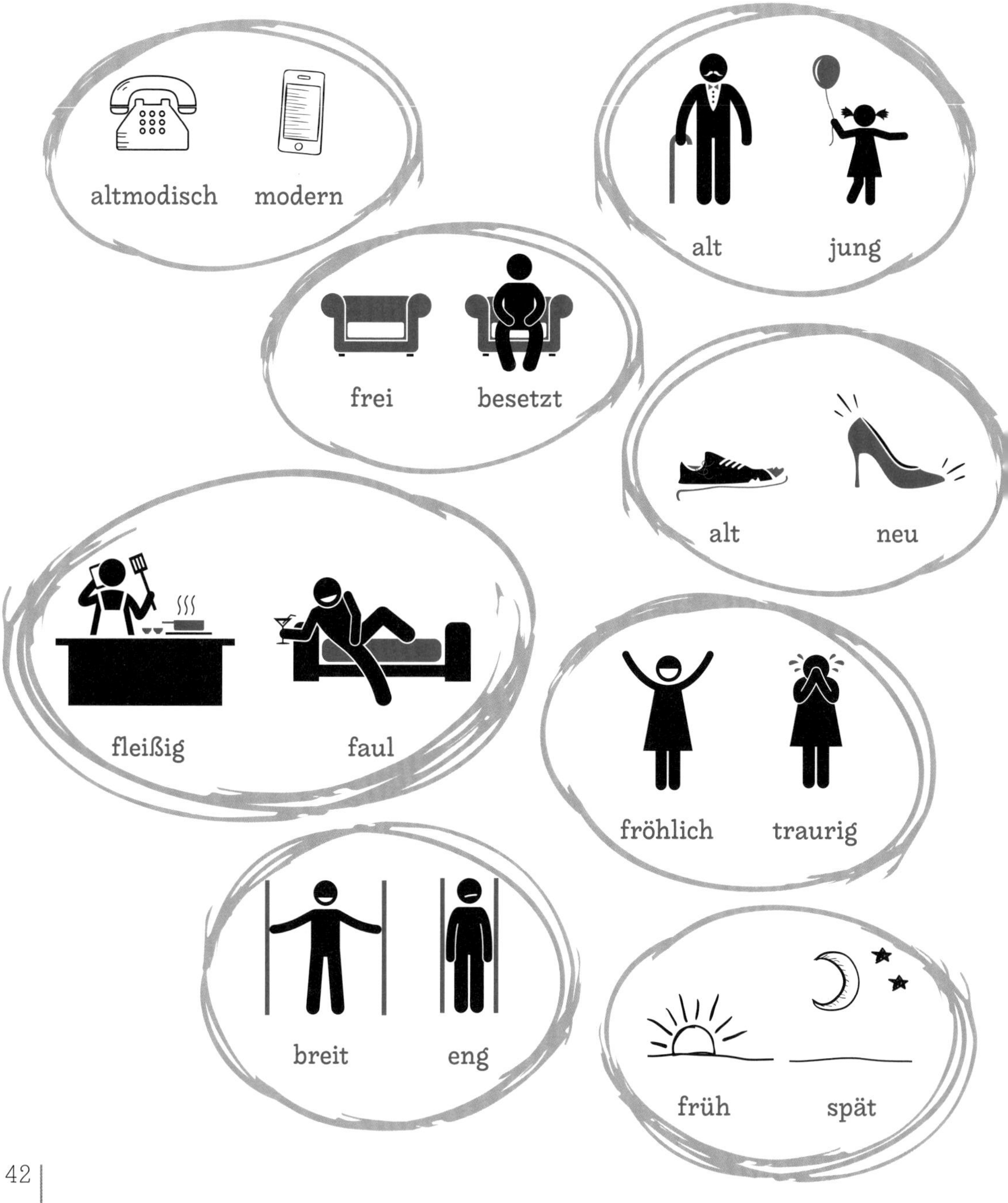

Prädikative und adverbiale Adjektive

Das prädikative Adjektiv ist Teil des Prädikats, d. h. es steht nach den Hilfsverben **sein**, **werden** und **bleiben**:

Sie ist **müde**.

Das adverbiale Adjektiv bezieht sich auf ein Verb:

Er spricht **laut**.

In prädikativer und adverbialer Funktion bleibt das Adjektiv unverändert:

Er ist **groß**. Wir sind **groß**. Sie sind **groß**.

Sie läuft **schnell**. Du läufst **schnell**. Wir laufen **schnell**.

Attributive Adjektive

Das Adjektiv als Attribut steht in der Regel zwischen dem Artikel und dem Substantiv und wird dekliniert:

der **alte** Mann

die **dunkle** Nacht

das **wilde** Meer

Stehen mehrere Adjektive hintereinander, so stimmen ihre Endungen überein – sie deklinieren parallel:
ein **langer**, **staubiger**, wenig **befahrener** Weg

Bei Adjektiven auf **-el** entfällt das **-e-** beim Auftreten einer Endung immer, bei einem Diphthong und der Endung **-er** meistens:
dunkel → der **dunkle** Wald
teuer → die **teure** Reise

BILDUNG

Die Endungen des deklinierten Adjektivs werden bestimmt vom Artikel, der vor ihm steht, und von Genus, Numerus und Kasus des Substantivs, das nach ihm steht.

Artikel → **Adjektiv** ← **Substantiv**

Man unterscheidet zwei Deklinationstypen. Ihre Verwendung hängt davon ab, ob der Artikel vor dem Adjektiv ein Kasus-Signal hat oder nicht.

Schwache Adjektivdeklinationen

Wenn der Artikel vor dem Adjektiv ein Kasus-Signal hat (d. h. durch seine Form den Kasus angibt), trägt das Adjektiv die Endung **-e** oder **-en**. Diesen Deklinationstyp nennt man schwache Adjektivdeklination:

Kasus	**Maskulinum**	**Femininum**	**Neutrum**	**Plural**
Nominativ	der alt**e** Mann	die blau**e** Blume	das leer**e** Zimmer	die gut**en** Zeiten
Genitiv	des alt**en** Mannes	der blau**en** Blume	des leer**en** Zimmers	der gut**en** Zeiten
Dativ	dem alt**en** Mann	der blau**en** Blume	dem leer**en** Zimmer	den gut**en** Zeiten
Akkusativ	den alt**en** Mann	die blau**e** Blume	das leer**e** Zimmer	die gut**en** Zeiten

Dieser Typ der Deklination tritt auf nach dem bestimmten Artikel **der**, **die**, **das** und nach folgenden Artikelwörtern: **dieser**, **jener**, **jeder**, **mancher**, **solcher**, **derselbe**, **derjenige**, **alle**, **sämtliche**, **beide**.

Starke Adjektivdeklinationen

Die sogenannte starke Adjektivdeklination tritt auf, wenn vor dem Adjektiv kein Kasus-Signal vorhanden ist, d.h. wenn es keinen Artikel gibt oder der Artikel kein Kasus-Signal hat. In diesem Fall muss das Adjektiv selbst die Kasus-Signale übernehmen:

Kasus	Maskulinum	Femininum	Neutrum	Plural
Nominativ	alt**er** Mann	blau**e** Blume	leer**es** Zimmer	gut**e** Zeiten
Genitiv	alt**en** Mannes	blau**er** Blume	leer**en** Zimmers	gut**er** Zeiten
Dativ	alt**em** Mann	blau**er** Blume	leer**em** Zimmer	gut**en** Zeiten
Akkusativ	alt**en** Mann	blau**e** Blume	leer**es** Zimmer	gut**e** Zeiten

Im Genitiv Maskulinum und Neutrum hat das Substantiv das Kasus-Signal. Das Adjektiv braucht dann kein eigenes Kasus-Signal und bekommt die Endung **-en**.

Trotz **starken** Regen**s** hat das Mädchen draußen gespielt.

Gemischte Adjektivdeklination

Neben der starken und der schwachen Adjektivdeklination gibt es auch die sogenannte gemischte Deklination: Das Adjektiv folgt in diesem Fall teilweise der starken, teilweise der schwachen Deklination.

Kasus	**Maskulinum**	**Femininum**	**Neutrum**	**Plural**
Nominativ	ein alt**er** Mann	eine blau**e** Blume	ein leer**es** Zimmer	gut**e** Zeiten
Genitiv	eines alt**en** Mannes	einer blau**en** Blume	eines leer**en** Zimmers	gut**er** Zeiten
Dativ	einem alt**en** Mann	einer blau**en** Blume	einem leer**en** Zimmer	gut**en** Zeiten
Akkusativ	einen alt**en** Mann	eine blau**e** Blume	ein leer**es** Zimmer	gut**e** Zeiten

Diese Formen des Adjektivs treten auf nach dem unbestimmten Artikel **ein** und **was für ein**, im Singular des negierten Artikels **kein** sowie im Singular der Possessivartikel **mein**, **dein**, **sein**, **ihr**, **Ihr**, **unser** und **euer**.
Die Pluralformen des negierten Artikels **kein** und der Possessivartikel **mein**, **dein**, **sein**, **ihr**, **Ihr**, **unser** und **euer** tragen bereits Kasus-Signale. Das Adjektiv folgt deshalb der schwachen Deklination und trägt in allen vier Kasus die Endung **-en**.

Meine **besten** Freunde!

Adjektivbildung mit Suffixen und Präfixen

Adjektive können gebildet werden, indem an Wörter (Substantive, Verben, andere Adjektive) Suffixe angehängt oder Präfixe vorangestellt werden:

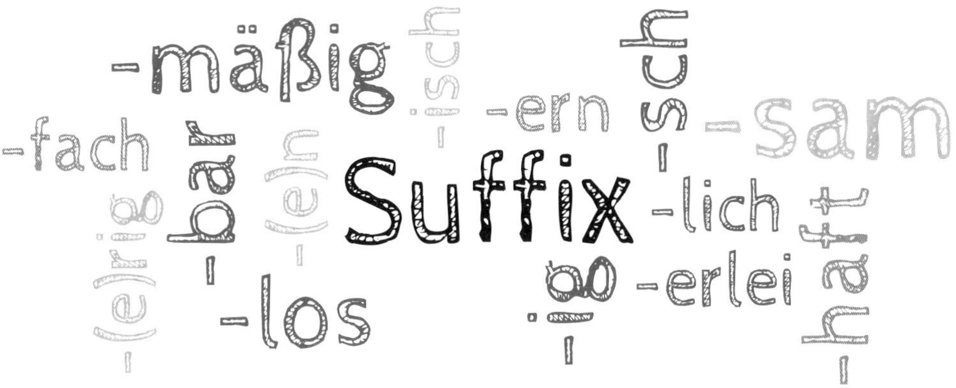

Da war sie **sprachlos**!

Substantivierte Adjektive

BILDUNG

Adjektive können als Substantive verwendet werden. Die Deklination dieser Adjektive folgt dem bereits dargestellten Schema, lediglich das Substantiv entfällt:

Kasus	Maskulinum	Femininum	Neutrum	Plural
Nominativ	der Alte ein Alter	die Fremde eine Fremde	das Neue ein Neues	die Deutschen Deutsche
Genitiv	des Alten eines Alten	der Fremden einer Fremden	des Neuen eines Neuen	der Deutschen Deutscher
Dativ	dem Alten einem Alten	der Fremden einer Fremden	dem Neuen einem Neuen	den Deutschen Deutschen
Akkusativ	den Alten einen Alten	die Fremde eine Fremde	das Neue ein Neues	die Deutschen Deutsche

Den Deutschen ist ein Sieg beim Länderspiel gelungen.

Attributive Partizipien

BILDUNG

Ein Partizip (= Mittelwort) ist eine vom Verb abgeleitete Wortart, die auch als Adjektiv fungieren kann. Im Deutschen unterscheidet man zwischen Partizip I (Partizip Präsens) mit der Endung **-end** und Partizip II (Partizip Perfekt) mit der Vorsilbe **ge-**. Attributive Partizipien verhalten sich in ihrer Deklination genauso wie attributive Adjektive:

Geben Sie dem **singenden** Kellner ruhig viel Trinkgeld!

Was mache ich nur mit all den **gekauften** Schuhen?

Das **lesende** Kind hat keine Zeit, sein Zimmer aufzuräumen.

3 Auf einen Blick

Was ist ein Adjektiv?

Adjektive beschreiben die Eigenschaft von Personen, Sachen und Handlungen.

Adjektiv

prädikative und adverbiale Adjektive	attributive Adjektive
Es wird dunkel. Sie schwimmt schnell.	die junge Frau das kleine Kind
Adjektiv bleibt unverändert.	Adjektiv wird dekliniert.

Schwache Adjektivdeklination

Kasus	Maskulinum	Femininum	Neutrum	Plural
N.	der alt**e** Mann	die blau**e** Blume	das leer**e** Zimmer	die gut**en** Zeiten
G.	des alt**en** Mannes	der blau**en** Blume	des leer**en** Zimmers	der gut**en** Zeiten
D.	dem alt**en** Mann	der blau**en** Blume	dem leer**en** Zimmer	den gut**en** Zeiten
A.	den alt**en** Mann	die blau**e** Blume	das leer**e** Zimmer	die gut**en** Zeiten

Starke Adjektivdeklination

Kasus	Maskulinum	Femininum	Neutrum	Plural
N.	alt**er** Mann	blau**e** Blume	leer**es** Zimmer	gut**e** Zeiten
G.	alt**en** Mannes	blau**er** Blume	leer**en** Zimmers	gut**er** Zeiten
D.	alt**em** Mann	blau**er** Blume	leer**em** Zimmer	gut**en** Zeiten
A.	alt**en** Mann	blau**e** Blume	leer**es** Zimmer	gut**e** Zeiten

Gemischte Adjektivdeklination

asus	Maskulinum	Femininum	Neutrum	Plural
N.	ein alt**er** Mann	eine blau**e** Blume	ein leer**es** Zimmer	gut**e** Zeiten
G.	eines alt**en** Mannes	einer blau**en** Blume	eines leer**en** Zimmers	gut**er** Zeiten
D.	einem alt**en** Mann	einer blau**en** Blume	einem leer**en** Zimmer	gut**en** Zeiten
A.	einen alt**en** Mann	eine blau**e** Blume	ein leer**es** Zimmer	gut**e** Zeiten

Substantivierte Adjektive

Adjektive können als Substantive verwendet werden. Die Deklination der Substantive folgt der Deklination der Adjektive.

schön → der, die, das Schöne

klein → der, die, das Kleine

richtig → der, die, das Richtige

Attributive Partizipien

Attributive Partizipien verhalten sich in ihrer Deklination genauso wie attributive Adjektive.

der **gelesene** Roman — die **gestohlenen** Bilder — der **geschriebene** Brief

die **filmende** Frau — die **benutzten** Handtücher — der **schreibende** Schüler

4

Das Adverb

Was ist ein Adverb?

Eigenschaften von Adverbien

Arten von Adverbien

Auf einen Blick

E R B

Was ist ein Adverb?

GEBRAUCH

Adverbien dienen hauptsächlich dazu, andere Satzelemente – vor allem das Verb („ad-verb") – in Hinblick auf Zeit, Ort, Art und Weise, Grad und Maß näher zu bestimmen. Da sie somit den Umstand eines Geschehens näher beschreiben, nennt man sie auch Umstandswörter. Adverbien werden immer kleingeschrieben, werden nicht dekliniert und können im Satz an verschiedenen Positionen stehen.

Adverbien können auftreten ...

... als adverbiale Bestimmung zum Verb

Sie tanzen **gerne**.

... als Attribut

Das **sehr** alte Haus.

... prädikativ

Ich bin **hier**.

Eigenschaften von Adverbien

GEBRAUCH

Adverbien bestimmen andere Wortarten näher:

Verben — Er macht **häufig** Sport.

Substantive — Der Hut **hier** ist sehr schön.

Adjektive — Ich bin **ziemlich** groß.

andere Adverbien — Du bist **ganz** oft zu spät.

Adverbien werden in der Regel nicht gesteigert. Allerdings gibt es einige wenige Ausnahmen. Hier ein paar Beispiele:

bald → eher → am ehesten

gern → lieber → am liebsten

viel → mehr → am meisten

Arten von Adverbien

GEBRAUCH

Temporaladverbien

Adverbien der Zeit, sogenannte Temporaladverbien, geben Auskunft auf die Fragen: Wann? Wie oft? Wie lange?

Zeitpunkt

- heute
- eben
- sofort
- jetzt
- gestern
- vorhin
- damals
- bald
- später
- demnächst

Zeitraum

- morgens
- vormittags
- abends

Dauer

- zeitlebens
- tagelang

Häufigkeit

- oft
- immer
- meistens
- häufig
- nie
- stets

Reihenfolge

- vorher
- nachher
- danach
- zuerst
- schließlich

Im Urlaub hat es tagelang geregnet.

Lokaladverbien

Adverbien des Ortes, sogenannte Lokaladverbien, bestimmen Ort, Richtung oder Herkunft. Sie beantworten die Fragen: Wo? Wohin? Woher?

Während unseres Umzugs herrschte großes Chaos – **überall** standen Kartons!

Hier einige weitere Beispiele für Lokaladverbien:

Kausaladverbien

Adverbien des Grundes, sogenannte Kausaladverbien, erklären Grund, Ursache, Zweck, Bedingung, Gegensatz oder Folge einer Handlung. Sie geben Antwort auf die Fragen: Warum? Wieso? Weshalb?

Grund

Du trainierst viel. Deshalb bist du so fit.

Bedingung

Du musst dich warm anziehen, sonst wirst du krank

Gegensatz

Es regnet. Trotzdem werde ich spazieren gehen.

Folge

Ich werde morgen verreisen. Also muss ich packen.

Modaladverbien

Modaladverbien geben die Art und Weise sowie Grad und Maß eines Geschehens genauer an: Wie (sehr)? Womit? Auf welche Weise?

Er spielt **besonders** gut Geige.

Weitere Beispiele für Modaladverbien:

vielleicht
doch
sozusagen
wenigstens
sicherlich
besonders
keineswegs
insbesondere
genug
hoffentlich
auch

4 Auf einen Blick

Was ist ein Adverb?

Adverbien ...

- ... werden (in der Regel) nicht dekliniert.
- ... bestimmen andere Satzelemente näher bezüglich Zeit, Ort, Art und Weise, Grad und Maß.
- ... nennt man auch Umstandswörter.
- ... werden immer kleingeschrieben.
- ... können im Satz an verschiedenen Positionen stehen.
- ... können als adverbiale Bestimmung zum Verb, als Attribut oder prädikativ verwendet werden.

Eigenschaften von Adverbien

Adverbien bestimmen andere Wortarten näher:

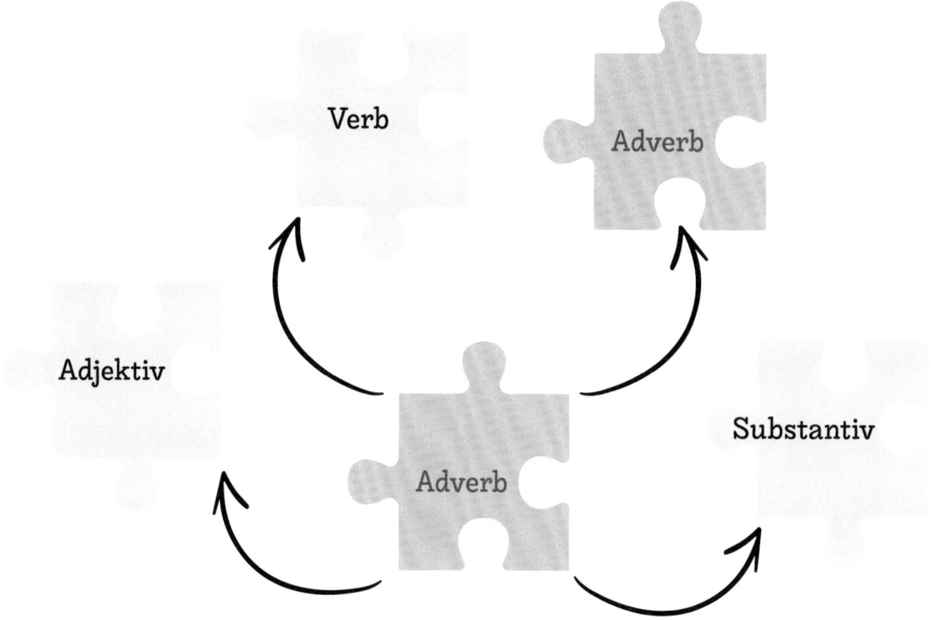

Arten von Adverbien

Temporaladverbien → Wann? Wie oft? Wie lange?

Beispiele:
- abends
- bisher
- damals
- endlich
- erstmals
- immer
- jetzt
- montags
- nie
- oftmals

Lokaladverbien → Wo? Wohin? Woher?

Beispiele:
- abwärts
- daheim
- draußen
- fort
- hierher
- nirgends
- überall
- vorn
- woanders

Kausaladverbien → Warum? Wieso? Weshalb?

Beispiele:
- also
- daher
- demnach
- dennoch
- folglich
- gleichwohl
- so
- sonst
- trotzdem

Modaladverbien → Wie (sehr)? Womit? Auf welche Weise?

Beispiele:
- auch
- besonders
- durchaus
- genauso
- jedoch
- sicherlich
- sozusagen
- wenigstens

5

Der Vergleich

Vergleichsstufen

Der Komparativ

Der Superlativ

Auf einen Blick

Vergleichsstufen

GEBRAUCH

Im Deutschen können Adjektive und einige wenige Adverbien gesteigert werden. Es gibt hierfür drei Vergleichsstufen:

Positiv
keine Endung

Das rote Eis schmeckt genauso **gut** wie das gelbe.

Komparativ
Endung **-er**

Nach New York ist es **weiter** als nach London.

Superlativ
Endung **-(e)st**

Der Gepard ist das **schnellste** Landtier.

Der Positiv, bei dem das Adjektiv keine Endung bekommt, bezeichnet Gleichheit zwischen zwei Personen oder Sachen. Vor dem Adjektiv steht **genauso** oder **so** und das Verglichene wird mit **wie** angeschlossen.

Der Komparativ

BILDUNG

Beim Komparativ gibt es regelmäßige und unregelmäßige Formen.

Regelmäßige Komparativformen

Endung -er

	Grundform	Komparativ
Adjektiv	schnell langsam billig	schnell**er** langsam**er** billig**er**
Adverb	wenig	wenig**er**

Da auch beim Komparativ eine Endung angehängt wird, gilt hier – wie auch bei der Adjektivdeklination – folgende Regel:

Bei Adjektiven auf **-el** entfällt das **-e-** immer, bei einem Diphthong und der Endung **-er** meistens.

dunk~~e~~l → dunkler

respektab~~e~~l → respektabler

teu~~e~~r → teurer

Beide Kleider sind teuer. Aber das eine Kleid ist noch teurer als das andere.

Viele einsilbige Adjektive und das Adverb **oft** haben einen Umlaut im Komparativ:
jung → **jünger**
oft → **öfter**

Unregelmäßige Komparativformen

	Grundform	Komparativ
Adjektiv	gut hoch	besser höher
Adverb	viel gern bald	mehr lieber eher

GEBRAUCH

Der Komparativ drückt Ungleichheit zwischen den verglichenen Personen oder Sachen aus. Das Verglichene wird immer mit **als** angeschlossen:

- **kleiner** als ...
- **schneller** als ...
- **näher** als ...
- **moderner** als ...

Ich bin **größer** als du!

Der Superlativ

BILDUNG

Der Superlativ hat zwei verschiedene Formen:

Grundform

schön
warm
schwer
weit

am + Superlativ

am schönsten

Artikel + Superlativ

der schönste

Der grüne Koffer ist **am schwersten**!

Der grüne Koffer ist **der schwerste** (Koffer).

Der Superlativ tritt mit **am** auf, wenn es sich um einen adverbialen Superlativ handelt:

Sie malt **am schönsten**.

Er singt **am besten**.

Der Superlativ mit Artikel tritt auf, wenn der Superlativ attributiv ist:

Er fährt **das schnellste** Auto.

In diesem Restaurant gibt es **das beste** Essen.

Wenn der Superlativ prädikativ ist (also nach **sein** und **werden**), kann er beide Formen haben:

Das Auto ist **am schnellsten**.

Das Essen ist **am besten**.

Das Auto ist **das schnellste**.

Das Essen ist **das beste**.

Regelmäßige Superlativformen

Der Superlativ wird durch Anhängen von **-ste(n)** gebildet:

schwer → am schwersten

einfach → am einfachsten

Auch im Superlativ haben viele einsilbige Adjektive und das Adverb **oft** einen Umlaut:

warm → am wärmsten

hoch → am höchsten

jung → am jüngsten

oft → am öftesten

Ich habe von allen am härtesten gearbeitet!

Die Endung **-est** tritt auf, wenn das Adjektiv auf einen s-Laut oder **-d / -t** endet:

süß → am süßesten

kalt → am kältesten

frisch → am frischesten

! Ausnahmen:

spannend → am spannendsten

groß → am größten

Adjektive auf Vokal oder Diphthong haben die Endung **-est** oder **-st**:

- neu(e)st-
- rau(e)st-
- treu(e)st-

Sie lesen die neu(e)sten Nachrichten auf ihren Smartphones.

Unregelmäßige Superlativformen

	Grundform	Komparativ	Superlativ
Adjektiv	gut	besser	am besten
Adverb	viel gern bald	mehr lieber eher	am meisten am liebsten am ehesten

GEBRAUCH

Der Superlativ drückt beim Vergleich das Maximum aus. Er ist die höchste Vergleichsstufe.

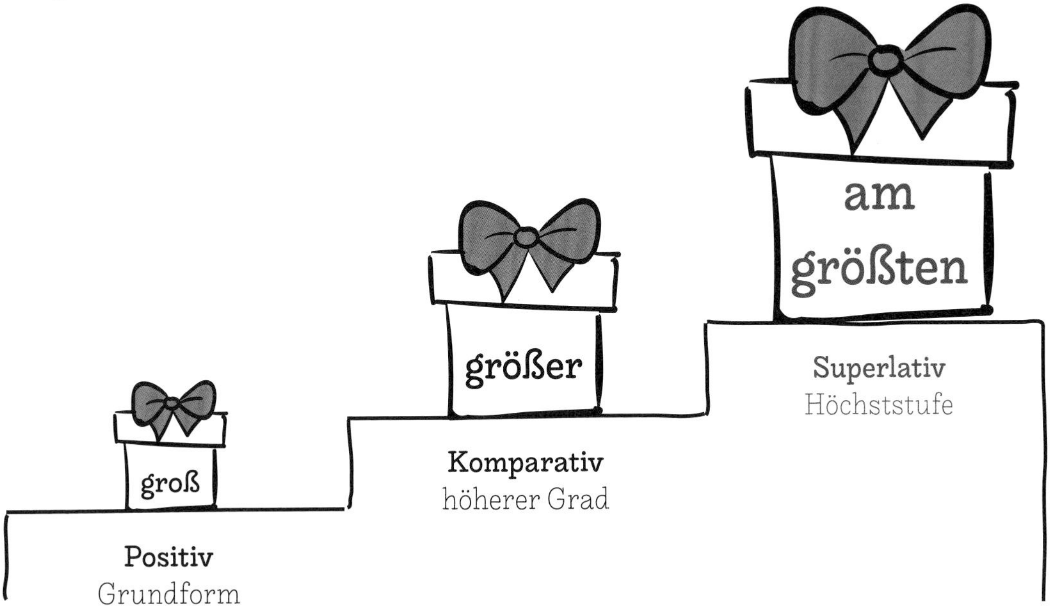

Die verglichenen Elemente werden zum Beispiel mit **von** angefügt:

Paul ist **der größte** von allen Brüdern.

5 Auf einen Blick

Vergleichsstufen

Positiv
keine Endung

Komparativ
Endung **-er**

Superlativ
Endung **-(e)ste(n)**

Der Komparativ

Regelmäßige Komparativformen

- mit **-er**: schnell → schneller
- mit **-er** und Umlaut: kalt → kälter
- Wegfall von **-e-**: dunkel → dunkler

Unregelmäßige Komparativformen

- Adjektiv: gut → besser
- Adverb: viel → mehr

Das Verglichene wird beim Komparativ immer mit **als** angeschlossen:

- kleiner als ...
- schneller als ...
- näher als ...
- moderner als ...

Der Superlativ

am + Superlativ	Grundform	Artikel + Superlativ
am schönsten	schön	**der schönste**

Regelmäßige Superlativformen

- mit **-ste(n)**: schwer → **am schwersten**
- mit **-ste(n)** und Umlaut: warm → **am wärmsten**
- mit **-est**: frisch → **am frischesten**

Unregelmäßige Superlativformen

- Adjektiv: gut → **am besten**
- Adverb: viel → **am meisten**

Die verglichenen Elemente werden beim Superlativ zum Beispiel mit **von** angefügt:

Paul ist **der größte** von allen Brüdern.

- adverbialer Superlativ: Sie malt **am schönsten**.
- prädikativer Superlativ: Der Garten ist **am schönsten**.
  Der Garten ist **der schönste**.
- attributiver Superlativ: Er hat **das schönste** Bild gemalt.

6

Das Pronomen (I)

Was ist ein Pronomen?

Das Personalpronomen

Das Pronomen „es“

Pronominaladverbien

Auf einen Blick

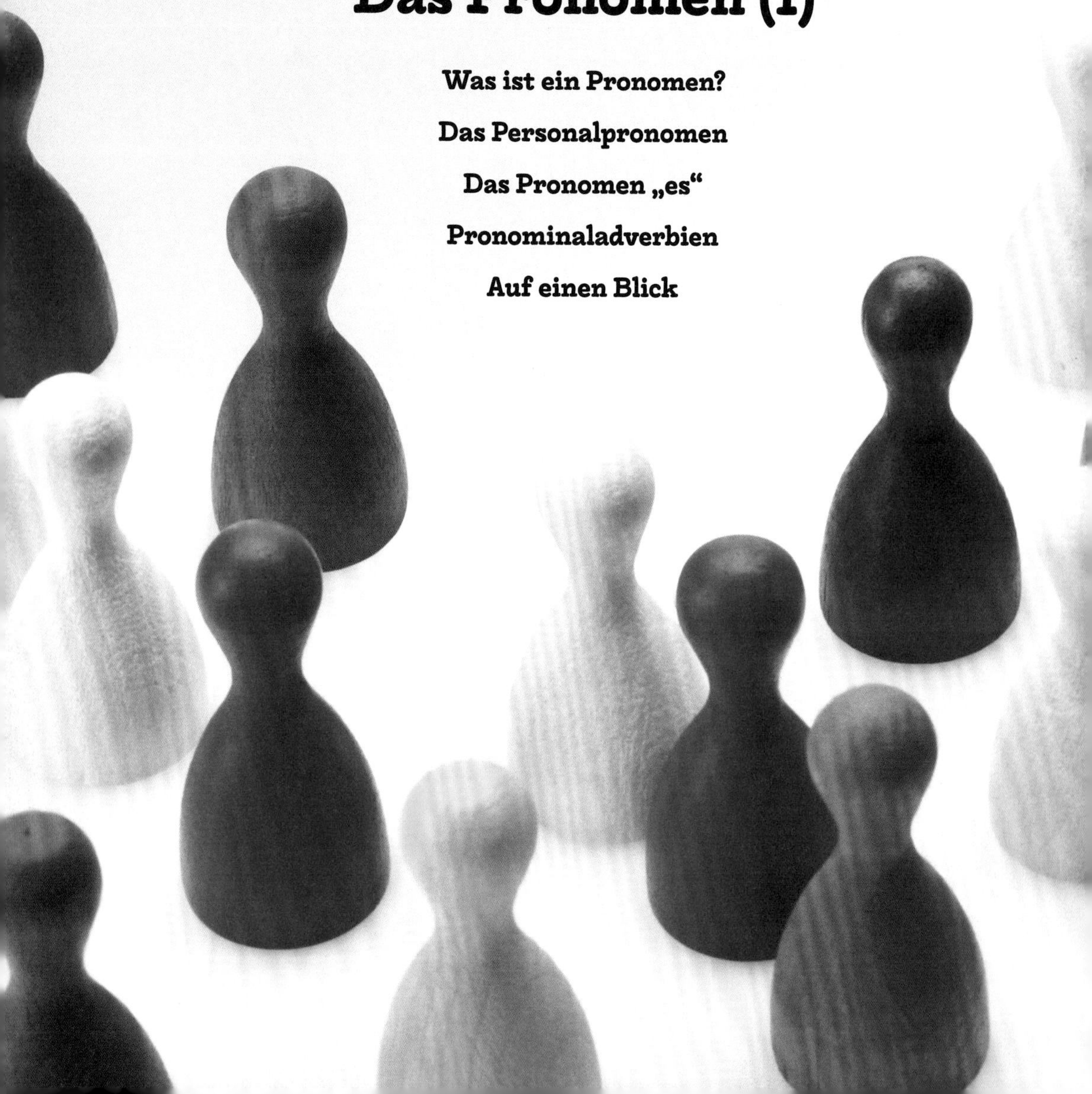

Was ist ein Pronomen?

GEBRAUCH

Pronomen dienen dazu, ein Substantiv zu vertreten. Es gibt vielfältige Formen von Pronomen:

Manche Pronomen können nicht nur als alleinstehendes Pronomen, sondern auch als Artikel, d. h. zusammen mit einem Substantiv, auftreten.

Artikel		Pronomen
Das ist mein Fahrrad.		Das ist meines.
Eure Kinder sind älter als unsere Kinder.		Eure sind älter als unsere.
Dieses Kleid hier gefällt mir.		Dieses hier gefällt mir.

Das Personalpronomen

BILDUNG

Kasus	Singular		
	1. Person	2. Person	3. Person
Nominativ	ich	du	er / sie / es
Genitiv	meiner	deiner	seiner / ihrer / seiner
Dativ	mir	dir	ihm / ihr / ihm
Akkusativ	mich	dich	ihn / sie / es

Kasus	Plural		
	1. Person	2. Person	3. Person
Nominativ	wir	ihr	sie / Sie
Genitiv	unser	euer	ihrer / Ihrer
Dativ	uns	euch	ihnen / Ihnen
Akkusativ	uns	euch	sie / Sie

GEBRAUCH

Das Personalpronomen bezeichnet die Rolle der Person in einem Gespräch:

Die 1. Person bezeichnet den oder die Sprecher, ...

... die 2. Person den oder die Hörer ...

... und die 3. Person bezeichnet Personen oder Sachen, über die gesprochen wird.

Die Höflichkeitsform **Sie** wird formal wie die 3. Person Plural gebildet und kann sich an eine oder mehrere Personen richten:

Schön, Sie kennenzulernen!

Das Pronomen „es“

GEBRAUCH

Das Pronomen **es** kann in verschiedenen Kontexten auftreten und dabei verschiedene Funktionen übernehmen: **Es** kann als Pronomen für ein Substantiv im Neutrum stehen. Dabei kann es Personen und Sachen im Nominativ und im Akkusativ bezeichnen.

Person – Nominativ

Wo ist das Kind?
Es spielt draußen.

Sache – Nominativ

Wo ist das Buch?
Es liegt auf dem Tisch.

Person – Akkusativ

Das Kind ist im Kindergarten.
Wann holst du es ab?

Sache – Akkusativ

Ist das Buch interessant?
Ja, du musst es unbedingt lesen.

In Verbindungen mit Präpositionen wird das Pronomen **es** allerdings nicht verwendet. Stattdessen treten Pronominaladverbien auf:

Sprecht ihr über das Buch?
Ja, wir sprechen **darüber**.

Denkst du an das Geschenk?
Ja, ich denke **daran**.

Das Pronomen **es** kann auch anstelle ganzer Satzteile stehen:

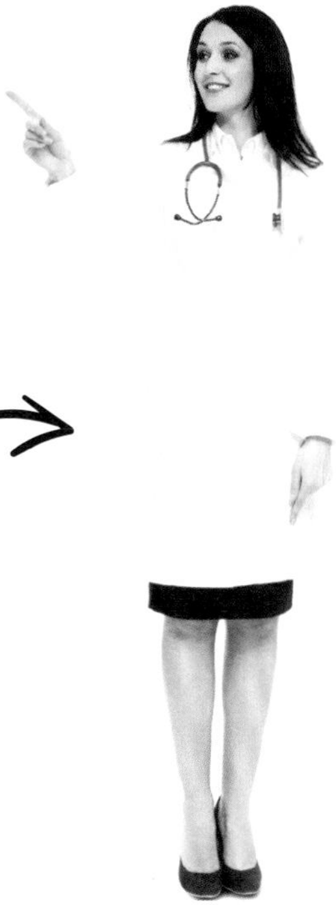

Das Pronomen „es" steht hier für „am Sonntag arbeiten"!

Sie arbeitet oft am Sonntag, aber sie tut es gerne.

Das Pronomen **es** kann im Vorfeld eines Satzes – als sogenanntes thematisches **es** – auftreten. In dieser Funktion ist es eine Art Einführungssignal, das vor allem am Textanfang verwendet wird, damit das Subjekt oder die gesamte Aussage hervorgehoben wird.

Es kam ein Mann zu mir und fragte nach dem Weg.

Es kann auch als Vorsignal für einen Nebensatz oder Infinitiv auftreten, der im Hauptsatz Subjekt oder Objekt ist:

Es ist wichtig, dass man viel Obst isst!

In unpersönlichen Konstruktionen hat **es** keine eigene Bedeutung, sondern ist fest mit dem Verb verbunden. **Es** tritt hier als sogenanntes „Scheinsubjekt" auf:

Naturgeschehen

Es regnet.

Zeitangabe

Es ist sieben Uhr.

persönliches Befinden

Es geht mir gut!

Sinneseindrücke

Es läutet!

Es schmeckt!

feste Wendung

Es gibt ...

Pronominaladverbien

BILDUNG

Pronominaladverbien – manchmal auch Präpositionaladverbien genannt – sind Verbindungen der Adverbien **da**, **hier** und **wo** mit Präpositionen.
Hier einige Beispiele:

dabei damit dadurch davon
hieran hierbei hierdurch dagegen hierzu
wobei womit wovon hiermit wozu

Zwischen den Adverbien **da** bzw. **wo** und der Präposition wird ein **r** eingeschoben, wenn die Präposition mit einem Vokal beginnt:

daran darauf daraus darüber
woran worauf worum worüber

In der Umgangssprache werden Pronominaladverbien häufig ...

- ... gekürzt: **drüber** (statt: darüber), **drum** (statt: darum), **dran** (statt: daran)
- ... durch Präposition + was / das ersetzt: Um was geht es? (statt: **Worum** geht es?)
- ... auseinandergerissen: Da kann ich nichts für! (statt: **Dafür** kann ich nichts!)
- ... mit doppeltem **da** gebraucht: Da weiß ich nichts d(a)rüber! (statt: **Darüber** weiß ich nichts!)

GEBRAUCH

Pronominaladverbien ersetzen Wortgruppen aus Präposition und Nomen und beziehen sich auf Sachen bzw. Sachverhalte, nicht auf Personen:

Er war mit seiner Leistung zufrieden.

Er war damit zufrieden.

Mit diesem Schreiben kündige ich mein Abonnement.

Hiermit kündige ich mein Abonnement.

Ich erinnere mich nur noch an einen lauten Knall.

Woran erinnerst du dich?

Es ist das Einzige, woran ich mich erinnere.

Pronominaladverb interrogativ (= als Fragewort) gebraucht.

Pronominaladverb relativisch (= als Relativpronomen) gebraucht.

6 Auf einen Blick

Was ist ein Pronomen?

Pronomen dienen dazu, ein Substantiv zu vertreten. Es gibt vielfältige Formen von Pronomen. Manche Pronomen können nicht nur als alleinstehendes Pronomen, sondern auch als Artikel, d. h. zusammen mit einem Substantiv, auftreten.

Das Personalpronomen

	Singular		
Kasus	1. Person	2. Person	3. Person
Nominativ	ich	du	er / sie / es
Genitiv	meiner	deiner	seiner / ihrer / seiner
Dativ	mir	dir	ihm / ihr / ihm
Akkusativ	mich	dich	ihn / sie / es

	Plural		
Kasus	1. Person	2. Person	3. Person
Nominativ	wir	ihr	sie / Sie
Genitiv	unser	euer	ihrer / Ihrer
Dativ	uns	euch	ihnen / Ihnen
Akkusativ	uns	euch	sie / Sie

Das Pronomen „es“

Das Pronomen **es** kann in verschiedenen Kontexten auftreten und dabei verschiedene Funktionen übernehmen:

- Ersatz von Personen oder Sachen:
  Das Buch liegt auf dem Tisch. Holst du **es** bitte?
- Ersatz von Satzteilen:
  Sie arbeitet oft am Sonntag, aber sie tut **es** gerne.
- Thematisches **es**:
  Es kam ein Mann zu mir und fragte nach dem Weg.
- Vorsignal für einen Nebensatz oder Infinitiv:
  Es ist wichtig, dass man viel Obst isst!
- Scheinsubjekt in unpersönlichen Konstruktionen:
  Es schmeckt!

Pronominaladverbien

Pronominaladverbien ersetzen Wortgruppen aus Präposition und Nomen und beziehen sich auf Sachen bzw. Sachverhalte, nicht auf Personen.

Er war mit seiner Leistung zufrieden.

Er war damit zufrieden.

Ich erinnere mich nur noch an einen lauten Knall.

Woran erinnerst du dich?

interrogativ

Es ist das Einzige, woran ich mich erinnere.

relativisch

7

Das Pronomen (II)

Das Possessivpronomen

Das Demonstrativpronomen

Das Relativpronomen

Auf einen Blick

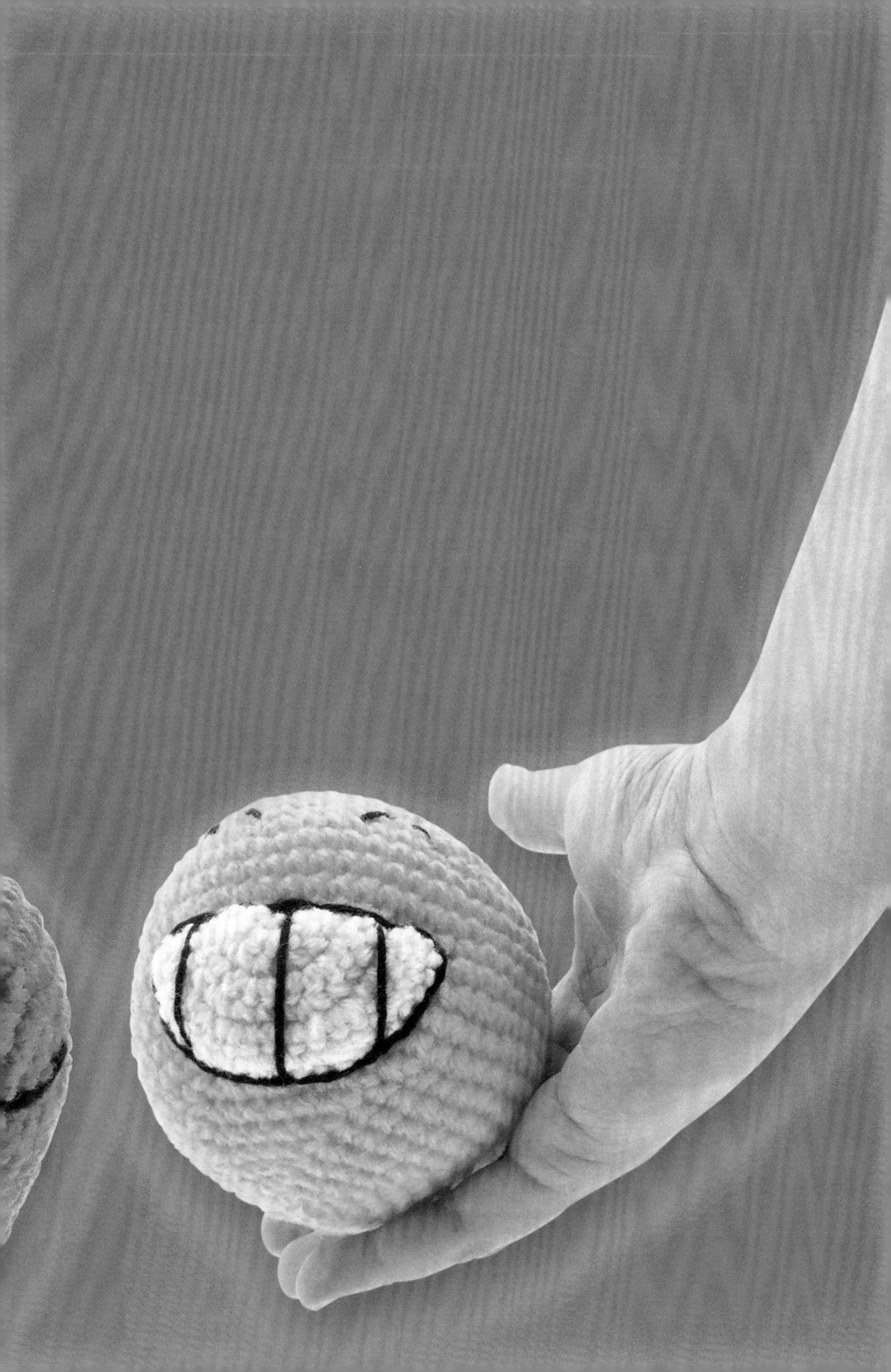

Das Possessivpronomen

BILDUNG

Die Possessivpronomen **mein**, **dein**, **sein** etc. dienen dazu, auf den „Besitzer“ einer Sache zu verweisen. Im Deutschen unterscheidet man zwischen Possessivartikel und Possessivpronomen.

Der Possessivartikel

Possessivpronomen, die wie ein Artikel als Begleiter vor dem Nomen stehen, nennt man Possessivartikel.

		Maskulinum	Femininum	Neutrum
Singular	1. P.	mein Text	meine Tasse	mein Buch
	2. P.	dein Text	deine Tasse	dein Buch
	3. P.	sein Text ihr Text sein Text	seine Tasse ihre Tasse seine Tasse	sein Buch ihr Buch sein Buch
Plural	1. P.	unser Text	unsere Tasse	unser Buch
	2. P.	euer Text	eure Tasse	euer Buch
	3. P.	ihr Text Ihr Text	ihre Tasse Ihre Tasse	ihr Buch Ihr Buch

Mein Haus, mein Auto, mein Boot!

Hier die Deklinationsformen von „mein" in der Übersicht, alle anderen Possessivartikel (dein, sein, ...) erhalten in der Deklination die gleichen Endungen:

Kasus	Maskulinum	Femininum	Neutrum	Plural
Nominativ	mein Text	meine Tasse	mein Buch	meine Fragen
Genitiv	meines Textes	meiner Tasse	meines Buches	meiner Fragen
Dativ	meinem Text	meiner Tasse	meinem Buch	meinen Fragen
Akkusativ	meinen Text	meine Tasse	mein Buch	meine Fragen

Der Possessivartikel richtet sich nach Person und Genus (= Geschlecht) des „Besitzers", die Endung richtet sich nach dem „Besitz":

Das ist Thomas. **Seine** Katze spielt im Garten.

Das ist Kathrin. **Ihre** Katze schläft in der Sonne.

Das Possessivpronomen

Anders als die Possessivartikel treten die Possessivpronomen selbständig auf, d. h. sie werden als Stellvertreter eines (bereits erwähnten oder aus dem Zusammenhang erschließbaren) Substantivs verwendet:

Kasus	Maskulinum	Femininum	Neutrum	Plural
Nominativ	meiner	meine	mein(e)s	meine
Genitiv	meines	meiner	meines	meiner
Dativ	meinem	meiner	meinem	meinen
Akkusativ	meinen	meine	mein(e)s	meine

Kannst du mir dein Auto leihen? **Meins** ist kaputt.

Hier ist mein Platz und da drüben ist **deiner**.

Das Demonstrativpronomen

BILDUNG

Es gibt verschiedene Demonstrativpronomen, am häufigsten ist die Verwendung von:

der die das

Die Formen der Demonstrativpronomen **der**, **die** und **das** sind identisch mit denen des bestimmten Artikels. Ausnahmen sind der Dativ-Plural und der Genitiv.

Kasus	Maskulinum	Femininum	Neutrum	Plural
Nominativ	der	die	das	die
Genitiv	dessen	derer	dessen	derer
Dativ	dem	der	dem	denen
Akkusativ	den	die	das	die

Kennst du die Frau?
Nein, die kenne ich nicht.

Weitere Demonstrativpronomen sind:

dieser derjenige jener solcher derselbe

Kasus	Maskulinum	Femininum	Neutrum	Plural
Nominativ	dieser	diese	dieses	diese
Genitiv	dieses	dieser	dieses	dieser
Dativ	diesem	dieser	diesem	diesen
Akkusativ	diesen	diese	dieses	diese

Nach der Deklination von **dieser** werden auch **jener** und **solcher** dekliniert.

Derselbe folgt der Deklination von **derjenige**. Die Kasussignale treten an den ersten Teil der Form, die Endungen (**-e** und **-en**) entsprechen der schwachen Adjektivdeklination:

Kasus	Maskulinum	Femininum	Neutrum	Plural
Nominativ	derjenige	diejenige	dasjenige	diejenigen
Genitiv	desjenigen	derjenigen	desjenigen	derjenigen
Dativ	demjenigen	derjenigen	demjenigen	denjenigen
Akkusativ	denjenigen	diejenige	dasjenige	diejenigen

Bist du diejenige, die von der Schokolade genascht hat?

GEBRAUCH

Die Pronomen **der**, **die** und **das** werden vor allem in der gesprochenen Sprache verwendet. Sie stehen meist, wenn ...

... das Akkusativ- oder Dativ-Pronomen der 3. Person im Vorfeld steht (besonders statt es)

Was ist passiert? – Das sage ich nicht!
(statt: Ich sage **es** nicht.)

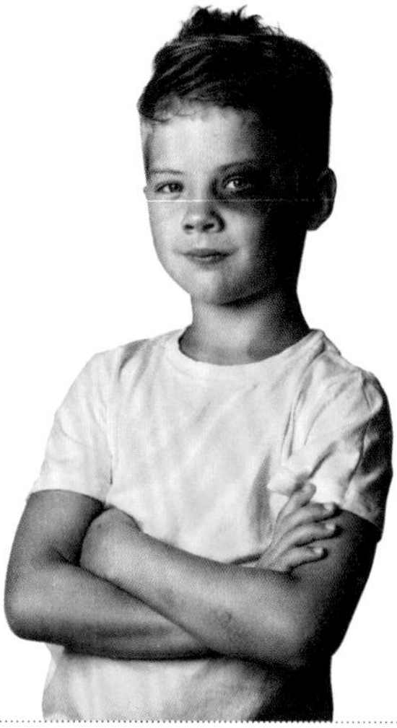

... das Pronomen ein Attribut bei sich hat

Welche ist deine Mutter? – Die mit dem blauen Schal.

... dem Pronomen ein Relativsatz angeschlossen ist

Ich möchte den sehen, der diese Aufgabe lösen kann!

... zur Hervorhebung

Glaub dem bloß kein Wort!

Das Pronomen **das** steht auch häufig in prädikativen Wendungen und kann sich sowohl auf den Singular als auch auf den Plural beziehen. Die Verbform von **sein** dagegen stimmt mit dem nachfolgenden Singular bzw. Plural überein:

Das ist mein Koffer.
Das sind meine Bücher.

Die genannten Demonstrativpronomen können sowohl als Artikel, d. h. mit nachfolgendem Substantiv, als auch als Pronomen, d. h. selbständig, verwendet werden:

Welcher Pulli gefällt Ihnen?

Artikel

Dieser Pulli gefällt mir.

Pronomen

Dieser gefällt mir.

Die Formen der Demonstrativpronomen bleiben als Artikel oder Pronomen verwendet jeweils gleich.

Das Relativpronomen

BILDUNG

Relativpronomen dienen dazu, einen Relativsatz einzuleiten, mit dem ein Substantiv näher bestimmt wird. Der Relativsatz ist Attribut zu diesem Substantiv.

Die Form des Relativpronomens wird von zwei Seiten bestimmt:

Substantiv, auf das sich das Relativpronomen bezieht.	**Relativ-pronomen**	**Verb**, des Relativsatzes
Das Genus und der Numerus des Relativpronomens sind abhängig von dem Substantiv, zu dem es gehört.		Der Kasus des Relativpronomens richtet sich nach dem Verb im Relativsatz.

Der Junge, der auf der Wippe sitzt, kommt jeden Tag auf den Spielplatz.

Der Junge, dem der Hund gehört, wohnt weit weg vom Spielplatz.

Die Formen der Relativpronomen **der**, **die** und **das** entsprechen denen des Demonstrativpronomens. Ausnahmen sind der Genitiv des Femininums und der Plural.

Kasus	Maskulinum	Femininum	Neutrum	Plural
Nominativ	der	die	das	die
Genitiv	dessen	derer, deren	dessen	derer, deren
Dativ	dem	der	dem	denen
Akkusativ	den	die	das	die

Dort fährt der Zug, den ich erwischen wollte!

Die Relativpronomen **welcher**, **welche** und **welches** werden seltener verwendet.

Kasus	Maskulinum	Femininum	Neutrum	Plural
Nominativ	welcher	welche	welches	welche
Genitiv	–	–	–	–
Dativ	welchem	welcher	welchem	welchen
Akkusativ	welchen	welche	welches	welche

Durch die Verwendung von **welcher**, **welche** und **welches** kann man das Aufeinandertreffen von zwei **der**, zwei **die** oder zwei **das** vermeiden.

Der Wagen, der der Frau gehört, ist blau.

Der Wagen, welcher der Frau gehört, ist blau.

GEBRAUCH

Das Relativpronomen im Genitiv – **dessen** und **deren / derer** – kann zwei Funktionen erfüllen:

Es drückt eine possessive Beziehung aus. Der Genitiv steht im Relativsatz als Attribut.

Die Kleine, deren Mutter im Supermarkt arbeitet, hat heute Geburtstag.

Es steht, wenn das Verb im Relativsatz ein Genitivobjekt fordert.

Seine Großmutter, derer wir oft gedenken, ist im Herbst gestorben.

Das Relativpronomen verbindet sich mit einer Präposition, wenn das Verb im Relativsatz ein Präpositionalobjekt fordert:

mit jmd. spielen

Die Kinder, mit denen wir immer spielen, sind krank.

Neben den Relativpronomen gibt es auch Relativadverbien:

Sie stehen ...

... nach Städte- und Ländernamen

Sie wollte nach München, woher ihr Vater kommt.

... nach anderen Ortsbezeichnungen

Dort, wo ich gerade war, schien oft die Sonne.

Das allgemeine Relativpronomen **was** vertritt den Nominativ und den Akkusativ. Der Dativ und der Genitiv werden normalerweise nicht verwendet.

Nominativ:

Sie hat den Führerschein bestanden, was uns alle sehr freut.

Akkusativ:

Sie hat den Führerschein bestanden, was sie sofort allen erzählt hat.

Fordert das Verb im Relativsatz eine Präposition, dann tritt das Relativpronomen in der Form **wo(r)** + Präposition auf:

jmd. zu etw. gratulieren

Sie hat den Führerschein bestanden, wozu ihr alle gratulierten.

Das Relativpronomen **was** tritt auch auf nach **das** und den neutralen Infinitivpronomen **etwas**, **alles**, **nichts**, **manches**, **vieles** und **weniges**:

Den Führerscheins zu bestehen war alles, was sie sich wünschte.

7 Auf einen Blick

Das Possessivpronomen

Der Possessivartikel

		Maskulinum	Femininum	Neutrum
Singular	1. P.	mein Text	meine Tasse	mein Buch
	2. P.	dein Text	deine Tasse	dein Buch
	3. P.	sein Text	seine Tasse	sein Buch
		ihr Text	ihre Tasse	ihr Buch
		sein Text	seine Tasse	sein Buch
Plural	1. P.	unser Text	unsere Tasse	unser Buch
	2. P.	euer Text	eure Tasse	euer Buch
	3. P.	ihr Text	ihre Tasse	ihr Buch
		Ihr Text	Ihre Tasse	Ihr Buch

Das Possessivpronomen

Kasus	Maskulinum	Femininum	Neutrum	Plural
Nominativ	meiner	meine	mein(e)s	meine
Genitiv	meines	meiner	meines	meiner
Dativ	meinem	meiner	meinem	meinen
Akkusativ	meinen	meine	mein(e)s	meine

Das Demonstrativpronomen

Kasus	Maskulinum	Femininum	Neutrum	Plural
Nominativ	der	die	das	die
Genitiv	dessen	derer	dessen	derer
Dativ	dem	der	dem	denen
Akkusativ	den	die	das	die

Kasus	Maskulinum	Femininum	Neutrum	Plural
Nominativ	dieser	diese	dieses	diese
Genitiv	dieses	dieser	dieses	dieser
Dativ	diesem	dieser	diesem	diesen
Akkusativ	diesen	diese	dieses	diese

Das Relativpronomen

Kasus	Maskulinum	Femininum	Neutrum	Plural
Nominativ	der	die	das	die
Genitiv	dessen	derer, deren	dessen	derer, deren
Dativ	dem	der	dem	denen
Akkusativ	den	die	das	die

8

Das Pronomen (III)

Das Indefinitpronomen

Das Interrogativpronomen

Das Reflexivpronomen

Auf einen Blick

O M E

Das Indefinitpronomen

GEBRAUCH

Die Indefinitpronomen umfassen eine große Gruppe von Pronomen, die sich recht unterschiedlich verhalten. Sie werden für unbestimmte, nicht näher definierte Personen, Dinge oder Mengen verwendet.

einer
keiner
niemand
jemand

jeder
jedermann

etwas
nichts
viel
wenig

viele
einige
etliche
mehrere
verschiedene

irgendein
irgendwer
irgendetwas
irgendjemand

irgendein
irgendwer
irgendetwas
irgendjemand

alle
alles
man

beide
andere

Alle Indefinitpronomen können allein stehen. In diesem Fall sind sie echte Pronomen. Manche können auch zusammen mit einem Substantiv, also wie ein Artikel, vorkommen.

Jeder so, wie er mag!

Einige der angeführten Pronomen können sich mit substantivierten Adjektiven im Neutrum verbinden:

Alles Gute zum Geburtstag!

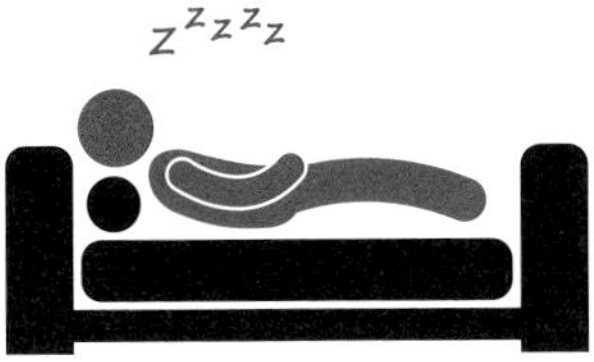

Mittagsschlaf ist etwas Schönes!

BILDUNG

Hier beispielhaft die Deklination des Indefinitpronomens **einer**.
Im Plural tritt ersatzweise **(irgend-)welche** ein:

Kasus	Maskulinum	Femininum	Neutrum	Plural
Nominativ	einer	eine	ein(e)s	welche
Genitiv	eines	einer	eines	welcher
Dativ	einem	einer	einem	welchen
Akkusativ	einen	eine	ein(e)s	welche

Alle meine Freundinnen waren beim Ausflug dabei. Nur **eine** war krank und musste zuhause bleiben.

Hast du auch ein Smartphone? – Na klar, jeder hat doch **ein(e)s**!

Man kennt ihn auf der ganzen Welt. Er ist **einer** der bekanntesten Schriftsteller.

Das Pronomen **man** existiert nur im Nominativ Singular. Das Genus wird nicht unterschieden und für Akkusativ und Dativ tritt ersatzweise die Form des Pronomens **einer** ein:

Nominativ	man	jemand	niemand
Genitiv	–	jemand(e)s	niemand(e)s
Dativ	einem	jemandem	niemandem
Akkusativ	einen	jemanden	niemanden

Durch vorangestelltes **irgend-** können die Pronomen **einer**, **jemand** und **etwas** noch stärker Unbestimmtheit ausdrücken, genauso wie die Form **irgendwer**.

Die Pronomen **viel**, **wenig** und **alles** sind in ihrer Form unveränderlich:

Wir haben viel erfahren.

Wir haben alles erfahren.

Wir haben wenig erfahren.

Die Pluralformen von **alle**, **manche** und **einige** haben nur im Dativ zusätzlich die Endung **-n**:

Allen / Manchen / Einigen wird geholfen werden.

Das Interrogativpronomen

GEBRAUCH

Interrogativpronomen dienen dazu, nach einzelnen Satzgliedern zu fragen.

Wer hat das gesagt?

Wessen Auto ist das?

Was ist passiert?

Wem habt ihr das erzählt?

Wen hast du gesehen?

Die Interrogativpronomen stehen im Allgemeinen im Vorfeld vor dem konjugierten Verb.

Interrogativpronomen können auch mit einer Präposition verbunden sein:

Bei Personen:

Auf wen wartest du? – Auf meine Freundin.

Von wem weißt du das? – Von meiner Chefin.

Bei Sachen:

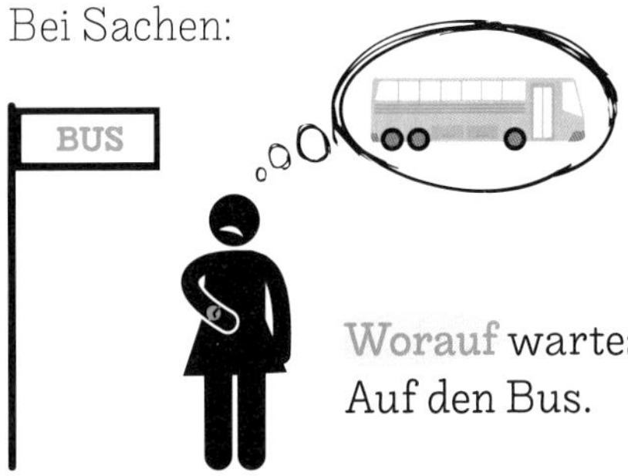

Worauf wartest du? – Auf den Bus.

Woher weißt du das? – Aus der Zeitung.

In der Umgangssprache unterscheidet man allerdings nicht immer zwischen Personen und Sachen. Man sagt also auch:

Auf was wartest du?

Die Fragewörter **was für ein** und **welcher** können entweder selbständig (als echte Pronomen) oder als Artikel (zusammen mit einem Substantiv) vorkommen.

Was für ein Fahrrad fährst du? –
Ein schönes, weißes Fahrrad
mit einem braunen Weidenkorb
und einer Drei-Gang-Schaltung.

Mit dem Fragepronomen **was für ein** wird nach den Eigenschaften einer Person oder Sache gefragt. In der Antwort steht der unbestimmte Artikel.

Wird **was für ein** als Artikel, also mit einem Substantiv verwendet, dann wird **ein** flektiert wie der unbestimmte Artikel **ein**.

Welches T-Shirt ziehst du morgen an? –
Das grüne möchte ich anziehen.

Mit dem Fragepronomen **welcher** wird nach einer bestimmten Person oder Sache aus einer Gruppe oder Art gefragt. In der Antwort steht der bestimmte Artikel.

Das Fragepronomen **welcher** wird als Pronomen und als Artikel gleich dekliniert, und zwar enthält es die Kasussignale wie beispielsweise der unbestimmte Artikel.

Das Reflexivpronomen

BILDUNG

Das Reflexivpronomen (= rückbezügliches Fürwort) hat nur die Formen Akkusativ und Dativ: In der 1. und 2. Person entspricht es dem Personalpronomen. Nur in der 3. Person gibt es eine eigene Form: **sich**.

	Akkusativ	Dativ
Singular	Ich freue **mich**. Du freust **dich**. Er / sie / es freut **sich**.	Ich putze **mir** die Zähne. Du putzt **dir** die Zähne. Er / sie / es putzt **sich** die Zähne.
Plural	Wir freuen **uns**. Ihr freut **euch**. Sie freuen **sich**.	Wir putzen **uns** die Zähne. Ihr putzt **euch** die Zähne. Sie putzen **sich** die Zähne.

Reflexivpronomen beziehen sich auf ein Substantiv, das vorher im Satz bereits genannt wurde. Man unterscheidet zwischen echten und unechten Reflexivpronomen:

echte Reflexivpronomen

- fester Bestandteil des Verbs
- das Verb kann kein anderes Objekt als das Reflexivpronomens bei sich haben

Beispiele:
- sich freuen
- sich schämen
- sich erholen
- sich wundern

Er erholt sich.

unechte Reflexivpronomen

- als Ergänzung zum Verb
- das Verb kann auch mit einem anderen Objekt stehen

Beispiele:
- sich waschen
- sich schminken
- sich verstecken
- sich langweilen

Ich wasche mich.

Ich wasche meine Haare.

8 Auf einen Blick

Das Indefinitpronomen

Die Indefinitpronomen umfassen eine große Gruppe von Pronomen, die sich recht unterschiedlich verhalten. Sie werden für unbestimmte, nicht näher definierte Personen, Dinge oder Mengen verwendet.

- irgendein
- irgendwer
- irgendetwas
- irgendjemand

- alle
- alles
- man
- beide
- andere

- etwas
- nichts
- viel
- wenig

- viele
- einige
- etliche
- mehrere
- verschiedene

- einer
- keiner
- niemand
- jemand

- jeder
- jedermann

Alle Indefinitpronomen können allein stehen. In diesem Fall sind sie echte Pronomen. Manche können auch zusammen mit einem Substantiv, also wie ein Artikel, vorkommen.

Das Interrogativpronomen

Interrogativpronomen dienen dazu, nach einzelnen Satzgliedern zu fragen.

Wer? Wessen? Wohin? Wem?

Was? Wen? Welcher? Woher?

Welches? Welche? Worauf? Was für ein ...?

Das Reflexivpronomen

Das Reflexivpronomen hat nur die Formen Akkusativ und Dativ: In der 1. und 2. Person entspricht es dem Personalpronomen. Nur in der 3. Person gibt es eine eigene Form: **sich**.

	Akkusativ	Dativ
Singular	Ich freue **mich**. Du freust **dich**. Er/sie/es freut **sich**.	Ich putze **mir** die Zähne. Du putzt **dir** die Zähne. Er/sie/es putzt **sich** die Zähne.
Plural	Wir freuen **uns**. Ihr freut **euch**. Sie freuen **sich**.	Wir putzen **uns** die Zähne. Ihr putzt **euch** die Zähne. Sie putzen **sich** die Zähne.

Reflexivpronomen beziehen sich auf ein Substantiv, das vorher im Satz bereits genannt wurde. Man unterscheidet zwischen echten und unechten Reflexivpronomen:

echte Reflexivpronomen	unechte Reflexivpronomen
• fester Bestandteil des Verbs • das Verb kann kein anderes Objekt als das Reflexivpronomens bei sich haben	• als Ergänzung zum Verb • das Verb kann auch mit einem anderen Objekt stehen

UNS DICH UNS DIR MIR MIR SICH MICH EUCH SICH

9

Das Verb (I)

Was ist ein Verb?

Die Konjugationen

Auf einen Blick

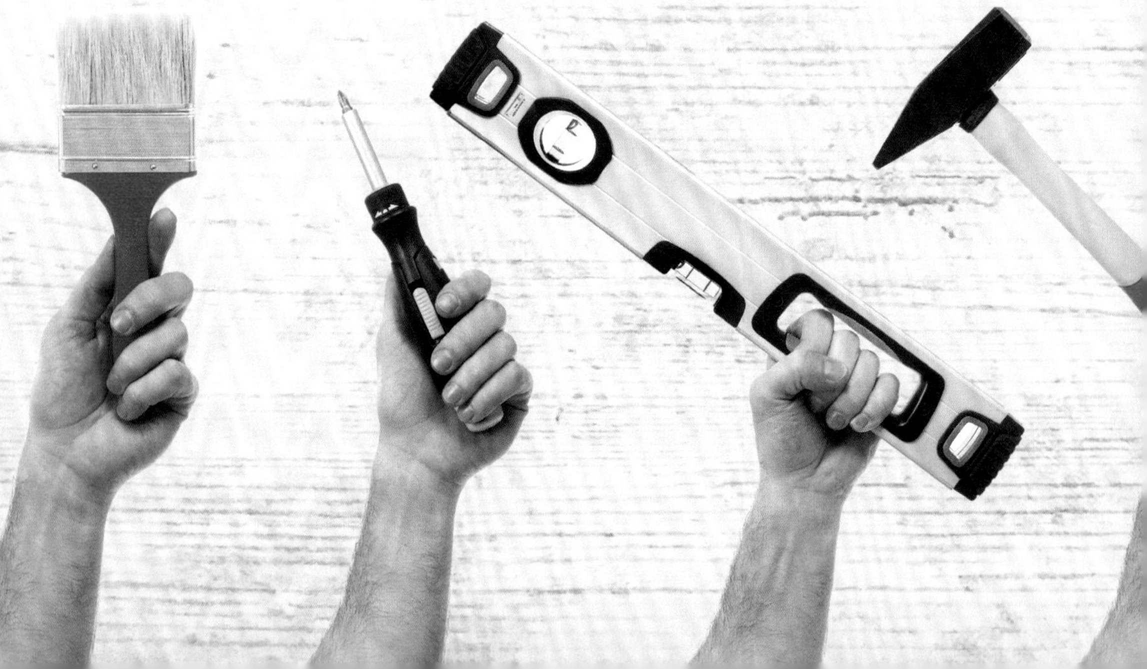

Was ist ein Verb?

GEBRAUCH

Verben dienen vor allem dazu, Handlungen, Vorgänge und Zustände zu bezeichnen.
Der Infinitiv der Verben endet auf **-en**, manchmal auch nur auf **-n**.
Der Teil ohne Endung wird auch Stamm genannt: **sag-**, **red-**, **denk-**.

sieg**en**

riech**en**

fahr**en**

träum**en**

spiel**en**

ruf**en**

Verben können – je nach Funktion der Endung – vorliegen als ...

... infinites Verb

Das Verb besitzt keine Personalendung und ist unselbständig.

Infinitiv I (Präsens):	lieben
Infinitiv II (Perfekt):	geliebt haben
Partizip I:	liebend
Partizip II:	geliebt

... finites Verb

Dieses hat Personalendungen und dient als Prädikat eines Satzes.

ich liebe
du liebst
er / sie / es liebt
wir lieben
ihr liebt
sie lieben

Verbgruppen

Verben lassen sich von ihrer Funktion her in drei Gruppen einteilen:

Hilfsverben	Sie helfen dabei, Verbformen zu bilden.	haben sein werden
Modalverben	Sie bezeichnen die Modalität (= die Art und Weise) des Geschehens.	können dürfen wollen
Vollverben	Sie bilden selbständig das Prädikat eines Satzes.	sehen sitzen werfen

Die Konjugationen

BILDUNG

Je nach Person, Numerus, Tempus usw. verändern sich Verben. Dies nennt man Konjugation.

Person:
1., 2. und 3. Person
→ wird in der Personalendung ausgedrückt

ich höre, du hörst, sie hören

Numerus:
Singular oder Plural
→ wird in der Personalendung ausgedrückt

du malst, ihr malt

Genus Verbi (= Handlungsform):
Aktiv, Passiv
→ Das Passiv wird immer durch eine Kombination aus Hilfsverb und Partizip II ausgedrückt.

ich ziehe, ich werde gezogen

Modus:
Indikativ,
Konjunktiv,
Imperativ

er fährt,
er würde fahren,
Fahre!

Tempus:
Präsens, Präteritum, Perfekt, Plusquamperfekt, Futur I, Futur II
→ wird durch Suffixe oder Hilfsverben ausgedrückt

ich schaue, ich schaute, ich werde schauen

Bei manchen Verben ändert sich unter bestimmten Bedingungen bei der Konjugation auch der Stammvokal:

ich sehe → ich sah
ich schreibe → ich schrieb
ich gehe → ich ging
ich laufe → ich lief

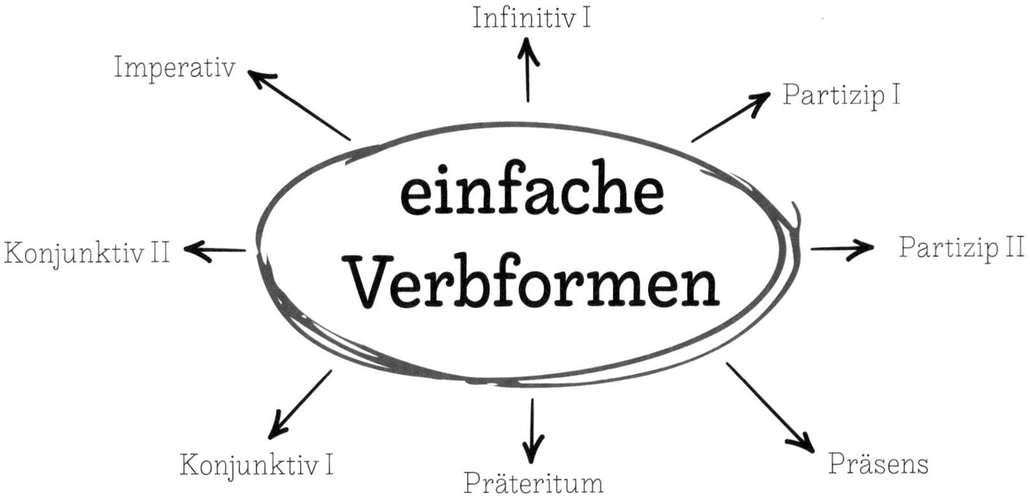
Infinitiv I
Imperativ
Partizip I
einfache Verbformen
Konjunktiv II
Partizip II
Konjunktiv I
Präteritum
Präsens

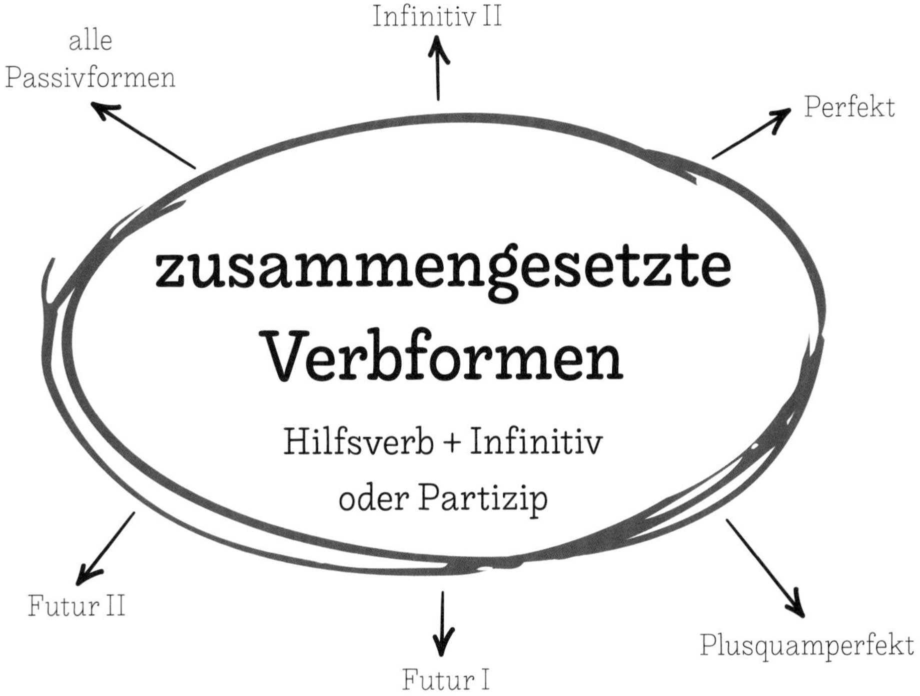
Infinitiv II
alle Passivformen
Perfekt
zusammengesetzte Verbformen
Hilfsverb + Infinitiv oder Partizip
Futur II
Futur I
Plusquamperfekt

Die Personalendungen des Verbs

Es gibt zwei Serien von Personalendungen.

Serie A:

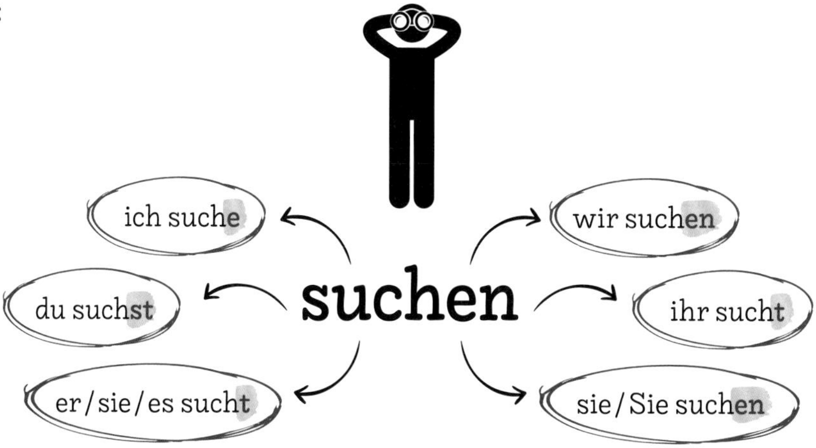

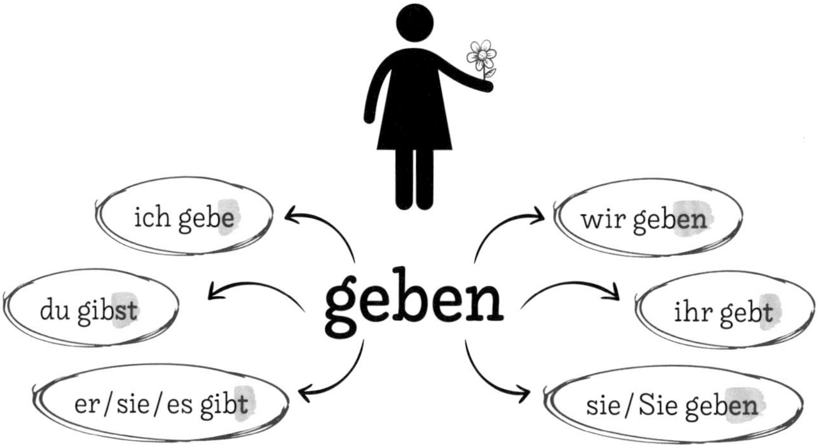

Die Endungsserie A tritt nur im Präsens Indikativ auf. Dies gilt nicht für die Verben **sein** und **wissen** sowie die Modalverben. Bei ihnen wie in allen anderen Fällen tritt die Endungsserie B auf.

Serie B:

	Präsens	Präteritum		Konjunktiv I	Konjunktiv II
ich	kann	gab	suchte	könne	wäre
du	kannst	gabst	suchtest	können	wär(e)st
er/sie/es	kann	gab	suchte	könne	wäre
wir	können	gaben	suchten	können	wären
ihr	könnt	gabt	suchtet	könnt	wär(e)t
sie/Sie	können	gaben	suchten	können	wären

Meine Freundin gab am Wochenende eine Party.

Ich wäre gerne dabei gewesen.

Besonderheiten bei der Verbkonjugation

Bei manchen Verben erfolgt in der 2. und 3. Person Singular Präsens ein Wechsel des Stammvokals von **-e** zu **-i** oder ein Umlaut von **-a** zu **-ä**.

ich spreche → du sprichst

ich trage → er trägt

Wenn der Verbstamm auf **-d** oder **-t** endet und bei einigen Doppelkonsonanten mit **-m** oder **-n**, wird vor konsonantischen Personalendungen ein **-e-** eingeschoben:

er red-e-t

du atm-e-st

Bei Verben, deren Stamm auf **-el** oder **-er** endet, wird dieses **-e-** in der 1. Person Singular oft ausgelassen:

lächeln
ich läch~~e~~le → ich lächle

zaubern
ich zaub~~e~~re → ich zaubre

Schwache, starke und gemischte Verben

Nach der Konjugation unterscheidet man ...

... **schwache** Verben → sind immer **regelmäßige** Verben

... **starke** und **gemischte** Verben → sind immer **unregelmäßige** Verben

Entscheidend für die Unterscheidung der schwachen, starken und gemischten Verben sind ihre Formen im Präsens, Präteritum und im Partizip II.

Schwache Verben

Schwache Verben haben ...

... in allen Formen denselben Stammvokal

Infinitiv: suchen
Präteritum: suchte
Partizip II: gesucht

... im Präteritum das Suffix -te-

Infinitiv: kochen
Präteritum: kochte

... im Partizip II die Endung -t

Infinitiv: tanzen
Partizip II: getanzt

Starke Verben

Die starken Verben ...

... verändern in manchen Formen den Stammvokal (=Ablaut)

Infinitiv: singen
Präteritum: sangen
Partizip II: gesungen

... haben im Präteritum kein zusätzliches Suffix

Infinitiv: sprechen
Präteritum: **sprach**

... im Partizip II die Endung -en

Infinitiv: schwimmen
Partizip II: geschwommen

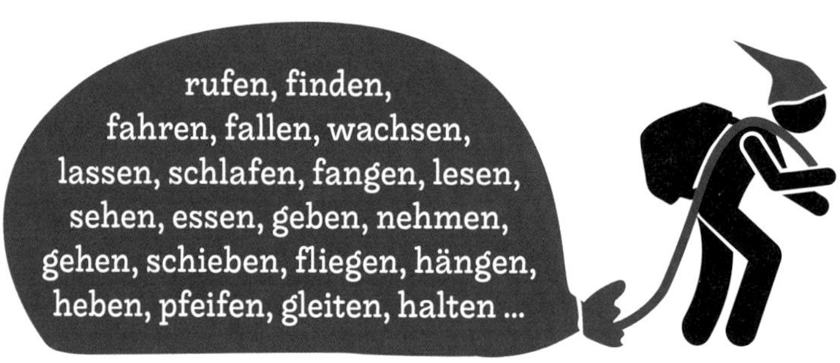

Die starken Verben teilt man nach dem Wechsel des Stammvokals in drei Ablautgruppen. Hier einige Beispiele der möglichen Vokalfolgen:

3 Stammvokale

1 – 2 – 3

sprechen – sprach – gesprochen
singen – sang – gesungen
sitzen – saß – gesessen

E – A – O
I – A – U
I – A – E

EI – IE – IE
IE – O – O
AU – O – O

2 Stammvokale

1 – 2 – 2

schreiben – schrieb – geschrieben
biegen – bog – gebogen
saugen – sog – gesogen

2 Stammvokale

1 – 2 – 1

lesen – las – gelesen
kommen – kam – gekommen
tragen – trug – getragen

E – A – E
O – A – E
A – U – A

Gemischte Verben

Die gemischten Verben haben ...

... wie die starken Verben verschiedene Stammvokale

... wie die schwachen Verben das Suffix **-te-** im Präteritum und **-t** im Partizip II

rennen – rannte – gerannt

9 Auf einen Blick

Was ist ein Verb?

Verben dienen vor allem dazu, Handlungen, Vorgänge und Zustände zu bezeichnen.
Der Infinitiv der Verben endet auf **-en**, manchmal auch nur auf **-n**.
Der Teil ohne Endung wird auch Stamm genannt: **sag-**, **red-**, **denk-**.

Verben können – je nach Funktion der Endung – vorliegen als ...
- **... infinites Verb**: lieben, geliebt haben, liebend, geliebt
- **... finites Verb:** ich liebe, du liebst, er / sie / es liebt usw.

Man unterscheidet verschiedene Verbgruppen:
- **Hilfsverben:** Sie helfen dabei, Verbformen zu bilden.
- **Modalverben:** Sie bezeichnen die Modalität (= die Art und Weise) des Geschehens.
- **Vollverben:** Sie bilden selbständig das Prädikat eines Satzes.

Die Konjugationen

Je nach Person, Numerus, Tempus usw. verändern sich Verben. Dies nennt man Konjugation.

Person: 1., 2. und 3. Person
→ wird in der Personalendung ausgedrückt

Numerus: Singular oder Plural
→ wird in der Personalendung ausgedrückt

Tempus: Präsens, Präteritum, Perfekt, Plusquamperfekt, Futur I, Futur II
→ wird durch Suffixe oder Hilfsverben ausgedrückt

Modus: Indikativ, Konjunktiv, Imperativ

Genus Verbi (= Handlungsform): Aktiv, Passiv
→ Das Passiv wird immer durch eine Kombination aus Hilfsverb und Partizip II ausgedrückt.

Man unterscheidet zwischen einfachen und zusammengesetzten Verbformen.

Bei der Konjugation von Verben unterscheidet man zwischen starken, schwachen und gemischten Verben. Schwache Verben sind immer regelmäßige Verben, starke und gemischte Verben immer unregelmäßige Verben.

Schwache Verben haben ...

- in allen Formen denselben Stammvokal.
- im Präteritum das Suffix **-te-**.
- im Partizip II die Endung **-t**.

Die starken Verben ...

- verändern in manchen Formen den Stammvokal (=Ablaut).
- haben im Präteritum kein zusätzliches Suffix.
- im Partizip II die Endung **-en.**

Die gemischten Verben haben ...

- wie die starken Verben verschiedene Stammvokale.
- wie die schwachen Verben das Suffix **-te-** im Präteritum und **-t** im Partizip II.

10

Das Verb (II)

Das Hilfsverb

Das Modalverb

Trennbare und nicht-trennbare Verben

Auf einen Blick

Das Hilfsverb

BILDUNG

Zur Bildung verschiedener Tempora und des Passivs dienen die drei Hilfsverben **haben**, **sein** und **werden**.

	haben	sein	werden
Infinitiv Präsens	haben	sein	werden
Partizip I	habend	seiend	werdend
Infinitiv Perfekt	gehabt haben	gewesen sein	geworden sein
Partizip II	gehabt	gewesen	geworden

Das Hilfsverb haben

	Präsens	Präteritum	Konjunktiv I	Konjunktiv II
ich	habe	hatte	habe	hätte
du	hast	hattest	habest	hättest
er/sie/es	hat	hatte	habe	hätte
wir	haben	hatten	haben	hätten
ihr	habt	hattet	habet	hättet
sie/Sie	haben	hatten	haben	hätten

Ich habe sie **geliebt**!

Das Hilfsverb sein

	Präsens	Präteritum	Konjunktiv I	Konjunktiv II
ich	bin	war	sei	wäre
du	bist	warst	sei(e)st	wär(e)st
er / sie / es	ist	war	sei	wäre
wir	sind	waren	seien	wären
ihr	seid	wart	sei(e)t	wär(e)t
sie / Sie	sind	waren	seien	wären

Wir sind doch so glücklich **gewesen**!

Das Hilfsverb werden

	Präsens	Präteritum	Konjunktiv I	Konjunktiv II
ich	werde	wurde	werde	würde
du	wirst	wurdest	werdest	würdest
er / sie / es	wird	wurde	werde	würde
wir	werden	wurden	werden	würden
ihr	werdet	wurdet	werdet	würdet
sie / Sie	werden	wurden	werden	würden

Ich würde alles dafür **tun**, wenn sie nur zurückkäme!

GEBRAUCH

Die Hilfsverben dienen vor allem zur Bildung ...

... des Perfekts	haben / sein + Partizip II:	ich habe geliebt ich bin gelaufen
... des Futurs	werden + Infinitiv:	er wird kommen
... des (Vorgangs-)Passivs	werden + Partizip II:	sie wird geliebt
... des Zustandspassivs	sein + Partizip II:	es ist geschlossen

Die Verben **sein**, **werden** und auch **bleiben** können als Teil des Prädikats – als sogenannte Kopulaverben – auftreten. Dann verbinden sie sich mit einem Prädikativ:

Subjekt	Prädikat (Kopulaverb)	Prädikativ (Adjektiv)
Sie	sind	glücklich.

Subjekt	Prädikat (Kopulaverb)	Prädikativ (Substantiv)
Peter	ist	Lehrer.

Subjekt	Prädikat (Kopulaverb)	Prädikativ (Adverb)
Frau Müller	ist	hier.

Alle Hilfsverben können auch als Vollverben verwendet werden:

Peter ist (= befindet sich) in der Schule.
Peter hat (= besitzt) ein Smartphone.

Das Modalverb

BILDUNG

Die Modalität (Art und Weise) eines Geschehens wird durch Modalverben ausgedrückt.

Infinitiv →	wollen	sollen	müssen	können	dürfen	mögen	möchten
ich	will	soll	muss	kann	darf	mag	möchte
du	willst	sollst	musst	kannst	darfst	magst	möchtest
er / sie / es	will	soll	muss	kann	darf	mag	möchte
wir	wollen	sollen	müssen	können	dürfen	mögen	möchten
ihr	wollt	sollt	müsst	könnt	dürft	mögt	möchtet
sie / Sie	wollen	sollen	müssen	können	dürfen	mögen	möchten

Die Modalverben haben auch im Präsens die Personalendung der Serie B:

Ich muss lernen.

Du sollst lernen.

Die Modalverben (außer **sollen** und **möchten**) ändern ihren Stammvokal zwischen Singular und Plural:

musst → müssen   will → wollen   mag → mögen

GEBRAUCH

Ich kann fotografieren.

Modalverben verbinden sich im Allgemeinen mit einem Vollverb im reinen Infinitiv.

Ich habe fotografieren können.

Im Perfekt erscheint das Modalverb im Infinitiv.

Modalverben können auch selbständig (d.h. ohne Infinitiv) verwendet werden.

Ich kann das.

Bei selbständigen Modalverben wird das Perfekt mit dem Partizip II gebildet.

Ich habe das gekonnt.

Modalverben können verwendet werden, um Verschiedenes auszudrücken:

Hier **darf** man die Straße überqueren.

Erlaubnis

Hier **darf** man <u>nicht</u> rauchen.

Verbot

Du **musst** leise sein.

Notwendigkeit

Hier **kann** ich parken.

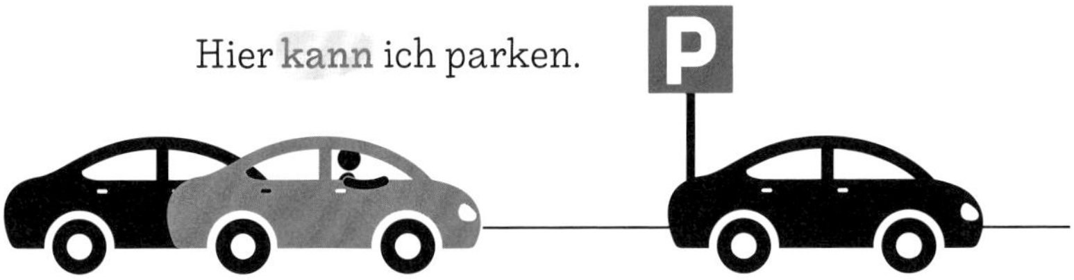

Möglichkeit / Fähigkeit

Ich **möchte** / **will** einen Apfel.

Wunsch

Die Kinder **dürften** / **müssten** schon schlafen.

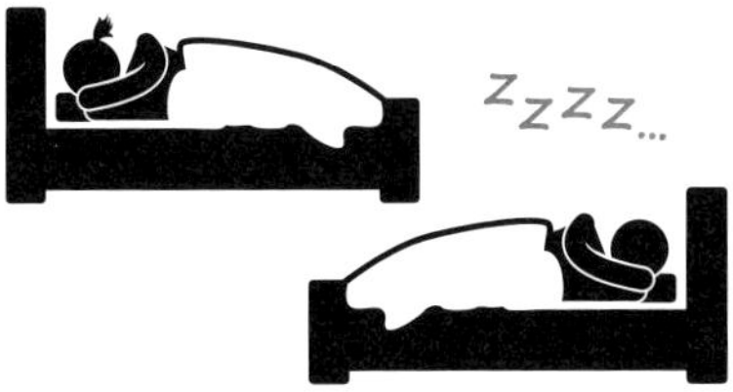

Vermutung

Trennbare und nicht-trennbare Verben

BILDUNG

Verben mit betonten Präfixen

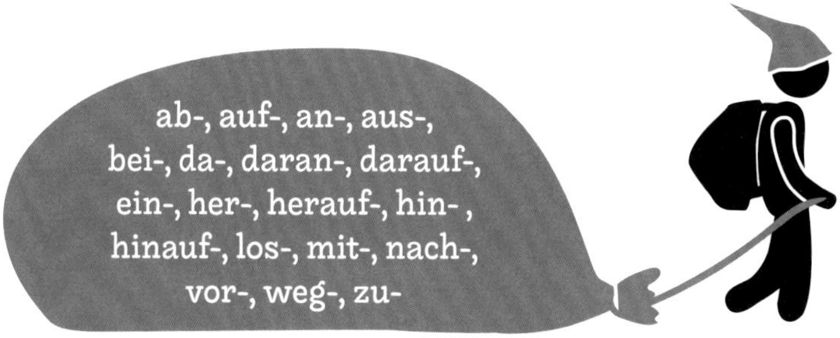

Verben mit betonten Präfixen sind trennbar.

loslassen
Hoffentlich lässt sie die Luftballons nicht los.

Verben mit unbetonten Präfixen

Verben mit unbetonten Präfixen werden nie getrennt.

bearbeiten
Wir **bearbeiten** die Aufgabe.
Wir haben die Aufgabe **bearbeitet**.

Verben mit unterschiedlich betonten Präfixen

durch- hinter- über- unter- um-

Sind die Präfixe betont, sind sie trennbar. Sind die Präfixe unbetont, sind sie untrennbar.

unterstellen → Sie **stellt** das Fahrrad **unter**.
unterstellen → Sie **unterstellt** ihm Betrug.

10 Auf einen Blick

Das Hilfsverb

Zur Bildung verschiedener Tempora und des Passivs dienen die drei Hilfsverben **haben**, **sein** und **werden**.

Infinitiv	**haben**	**sein**	**werden**
ich	habe	bin	werde
du	hast	bist	wirst
er/sie/es	hat	ist	wird
wir	haben	sind	werden
ihr	habt	seid	werdet
sie/Sie	haben	sind	werden

Die Hilfsverben dienen vor allem zur Bildung ...

- ... des Perfekts.
- ... des Futurs.
- ... des (Vorgangs-)Passivs.
- ... des Zustandspassivs.

Alle Hilfsverben können auch als Vollverben verwendet werden.

Ich habe (= besitze) einen Hund.

Das Modalverb

Die Modalität (Art und Weise) eines Geschehens wird durch Modalverben ausgedrückt.

Infinitiv →	**wollen**	**sollen**	**müssen**	**können**	**dürfen**	**mögen**	**möchten**
ich	will	soll	muss	kann	darf	mag	möchte
du	willst	sollst	musst	kannst	darfst	magst	möchtest
er / sie / es	will	soll	muss	kann	darf	mag	möchte
wir	wollen	sollen	müssen	können	dürfen	mögen	möchten
ihr	wollt	sollt	müsst	könnt	dürft	mögt	möchtet
sie / Sie	wollen	sollen	müssen	können	dürfen	mögen	möchten

Die Modalverben haben auch im Präsens die Personalendung der Serie B.

Die Modalverben (außer sollen und möchten) ändern ihren Stammvokal zwischen Singular und Plural: m**u**sst / m**ü**ssen, w**i**ll / w**o**llen, m**a**g / m**ö**gen.

Modalverben können Verschiedenes ausdrücken:

- Erlaubnis
- Wunsch
- Notwendigkeit
- Möglichkeit / Fähigkeit
- Vermutung
- Verbot

Trennbare und nicht-trennbare Verben

- Verben mit betonten Präfixen (z. B. **ab-**, **bei-**, **nach-**) sind trennbar.
- Verben mit unbetonten Präfixen (z. B. **be-**, **ge-**, **ver-**) werden nie getrennt.
  Bei Verben mit unterschiedlich betonten Präfixen (z. B. **durch-**, **über-**, **um-**) gilt: Sind die Präfixe betont, sind sie trennbar. Sind die Präfixe unbetont, sind sie untrennbar.

11

Der Indikativ (I)

Was ist der Indikativ?

GEBRAUCH

Der Indikativ ist der Modus der Wirklichkeit und der Tatsachen, die in der Gegenwart (Präsens), der Vergangenheit (Perfekt, Präteritum, Plusquamperfekt) und der Zukunft (Futur I und II) beschrieben werden. Man nennt den Indikativ auch die Wirklichkeitsform.

VERGANGENHEIT	GEGENWART	ZUKUNFT
• Perfekt • Präteritum • Plusquamperfekt	• Präsens	• Futur I • Futur II

Der Indikativ ist einer der drei Modi (= Aussageweisen) des Deutschen. Daneben gibt es noch den Konjunktiv (= Möglichkeitsform) und den Imperativ (= Befehlsform):

Indikativ

Ich schreibe eine Nachricht.

Konjunktiv

Sie sagt, sie schreibe eine Nachricht.

Imperativ

Schreib eine Nachricht!

Das Präsens

BILDUNG

Schwache Verben

Infinitiv	lieben	antworten	reisen	klingeln
ich	liebe	antworte	reise	kling(e)le
du	liebst	antwortest	reist	klingelst
er / sie / es	liebt	antwortet	reist	klingelt
wir	lieben	antworten	reisen	klingeln
ihr	liebt	antwortet	reist	klingelt
sie / Sie	lieben	antworten	reisen	klingeln

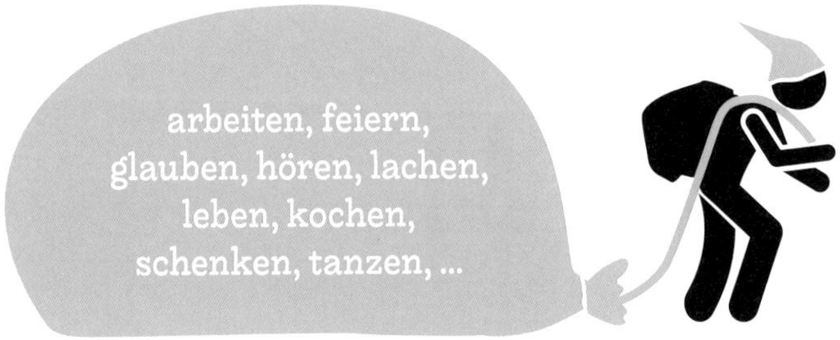

Starke Verben

Infinitiv	sehen	schlafen	nehmen	wissen
ich	sehe	schlafe	nehme	weiß
du	siehst	schläfst	nimmst	weißt
er/sie/es	sieht	schläft	nimmt	weiß
wir	sehen	schlafen	nehmen	wissen
ihr	seht	schlaft	nehmt	wisst
sie/Sie	sehen	schlafen	nehmen	wissen

Starke Verben ändern ihren Stammvokal in der 2. und 3. Person Singular.

Das Baby schläft tief und fest.

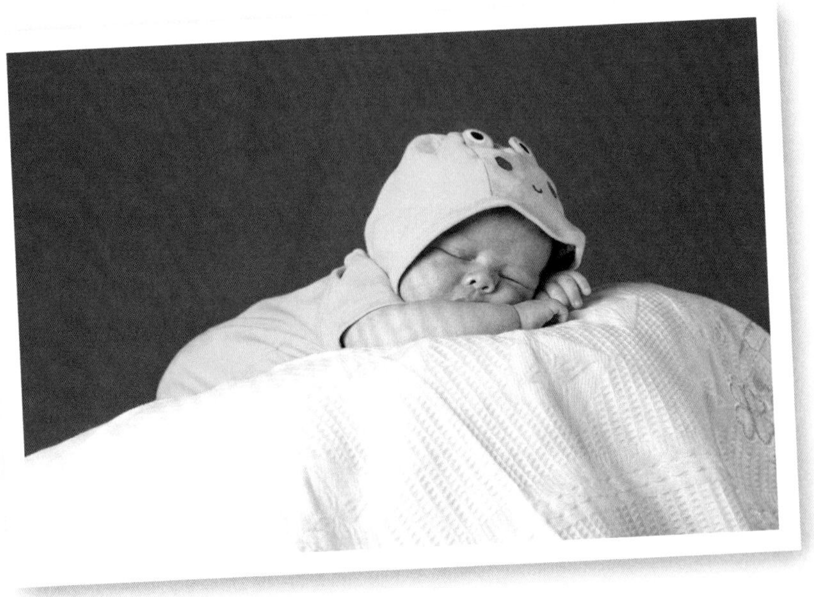

GEBRAUCH

Das Präsens wird verwendet für …

… Handlungen und Ereignisse der Gegenwart

Ben liest gerade ein Buch.

… wiederholte Tätigkeiten

Jakob spielt drei Mal pro Woche Fußball.

… Ereignisse, die in der Vergangenheit begonnen haben und bis in die Gegenwart andauern

Susanne übt seit einer Stunde Klavier.

… allgemeine Tatsachen

Sevilla liegt im Süden Spaniens.

… Zukünftiges mit einer Zeitangabe

Ich fahre nächste Woche in den Urlaub.

… für Vergangenes (= historisches Präsens)

1989 fällt die Berliner Mauer.

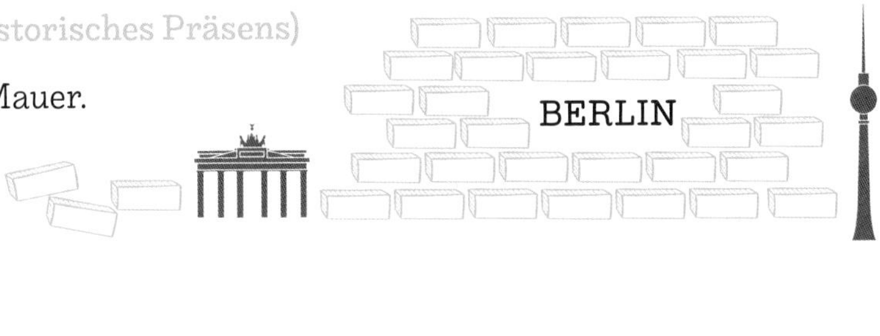

Das Futur I

BILDUNG

Hilfsverb werden im Präsens + Infinitiv des Vollverbs

Schwache Verben

Infinitiv →	folgen	heiraten
ich	werd**e** folgen	werd**e** heiraten
du	wi**rst** folgen	wi**rst** heiraten
er/sie/es	wi**rd** folgen	wi**rd** heiraten
wir	werd**en** folgen	werd**en** heiraten
ihr	werd**et** folgen	werd**et** heiraten
sie/Sie	werd**en** folgen	werd**en** heiraten

Thomas und Anna **werden** nächstes Jahr **heiraten**.

Starke Verben

Infinitiv	bleiben	fangen
ich	werd**e** bleiben	werd**e** fangen
du	wi**rst** bleiben	wi**rst** fangen
er/sie/es	wi**rd** bleiben	wi**rd** fangen
wir	werd**en** bleiben	werd**en** fangen
ihr	werd**et** bleiben	werd**et** fangen
sie/Sie	werd**en** bleiben	werd**en** fangen

Uns gefällt es hier! Wir **werden bleiben**!

GEBRAUCH

Das Futur I wird verwendet für ...

... zukünftiges Geschehen

Wir **werden umziehen**.

... Prognosen

Im nächsten Quartal **wird** unser Umsatz **steigen**.

... Versprechen und feste Zusagen

Ich **werde** mich darum **kümmern**.

... Absichten und Vorsätze

Im nächsten Jahr **werde** ich mich gesünder **ernähren**.

... Vermutungen über künftiges Geschehen

Sie **wird** wohl nicht mehr **kommen**.

... nachdrückliche Aufforderungen

Das **wirst** du nicht noch einmal **tun**!

Das Futur II

BILDUNG

Hilfsverb werden im Präsens + Partizip II des Vollverbs + Infinitiv des Hilfsverbs haben oder sein

Die Regeln zur Verwendung von **haben** oder **sein** im Futur II entsprechen jener im Perfekt.

Schwache Verben

Infinitiv →	lernen	suchen
ich	werde gelernt haben	werde gesucht haben
du	wirst gelernt haben	wirst gesucht haben
er/sie/es	wird gelernt haben	wird gesucht haben
wir	werden gelernt haben	werden gesucht haben
ihr	werdet gelernt haben	werdet gesucht haben
sie/Sie	werden gelernt haben	werden gesucht haben

Bis zur Prüfung wird sie alle neuen Spanisch-Vokabeln gelernt haben.

Starke Verben

Infinitiv

	rufen	finden
ich	werde gerufen haben	werde gefunden haben
du	wirst gerufen haben	wirst gefunden haben
er/sie/es	wird gerufen haben	wird gefunden haben
wir	werden gerufen haben	werden gefunden haben
ihr	werdet gerufen haben	werdet gefunden haben
sie/Sie	werden gerufen haben	werden gefunden haben

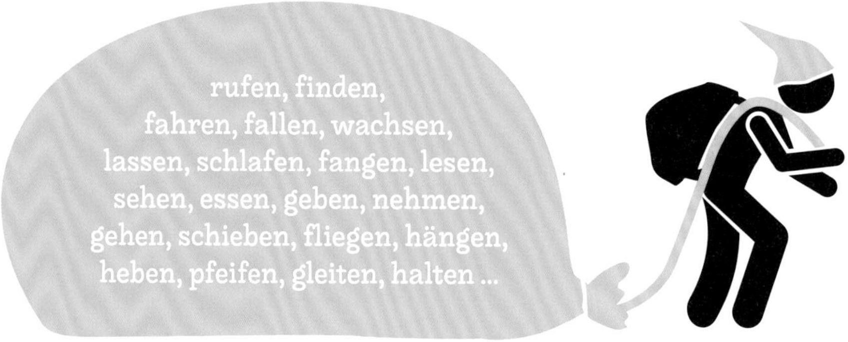

GEBRAUCH

Das Futur II (= vollendete Zukunft) wird verwendet für ...

... Handlungen und Ereignisse, die bis zu einem bestimmten Zeitpunkt in der Zukunft abgeschlossen sein werden

Wir werden morgen um diese Zeit angekommen sein.

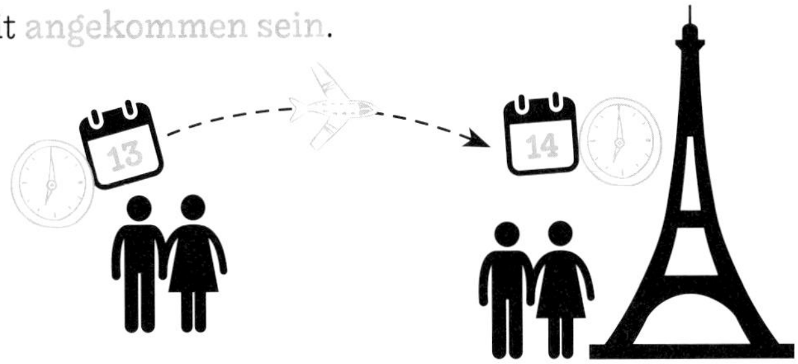

... Vermutungen oder Annahmen über Vergangenes

Nach dem letzten Gespräch wird er seine Meinung geändert haben.

... nachdrückliche Aufforderungen

Sie werden den Bericht bis morgen fertig geschrieben haben!

Das Futur II wird im Deutschen eher selten verwendet. In manchen Fällen wird stattdessen auch auf das Perfekt ausgewichen:

Futur II: Heute in einem Jahr **werden** wir die Renovierungsarbeiten **abgeschlossen haben**.

Perfekt: Heute in einem Jahr **haben** wir die Renovierungsarbeiten **abgeschlossen**.

11 Auf einen Blick

Was ist der Indikativ?

Der Indikativ ist der Modus der Wirklichkeit und der Tatsachen, die in der Gegenwart (Präsens), der Vergangenheit (Perfekt, Präteritum, Plusquamperfekt) und der Zukunft (Futur I und II) beschrieben werden. Man nennt den Indikativ auch die Wirklichkeitsform.

Der Indikativ ist einer der drei Modi (= Aussageweisen) des Deutschen. Daneben gibt es noch den Konjunktiv (= Möglichkeitsform) und den Imperativ (= Befehlsform).

Das Präsens

Schwache Verben

ich liebe, du liebst, er / sie / es liebt, wir lieben, ihr liebt, sie / Sie lieben

Starke Verben

ich sehe, du siehst, er / sie / es sieht, wir sehen, ihr seht, sie / Sie sehen

→ Starke Verben verändern ihren Stammvokal in der 2. und 3. Person Singular!

Das Präsens wird verwendet für ...

- ... Handlungen und Ereignisse der Gegenwart.
- ... wiederholte Tätigkeiten.
- ... allgemeine Tatsachen.
- ... Ereignisse, die in der Vergangenheit begonnen haben und bis in die Gegenwart andauern.
- ... Zukünftiges mit einer Zeitangabe.
- ... Vergangenes (= historisches Präsens).

Das Futur I

Hilfsverb werden im Präsens	+	Infinitiv des Vollverbs

Das Futur I wird verwendet für ...

- ... zukünftiges Geschehen.
- ... Prognosen.
- ... Versprechen und feste Zusagen.
- ... Absichten und Vorsätze.
- ... Vermutungen über künftiges Geschehen.
- ... nachdrückliche Aufforderungen.

Das Futur II

Hilfsverb werden im Präsens	+	Partizip II des Vollverbs	+	Infinitiv des Hilfsverbs haben oder sein

Das Futur II wird verwendet für ...

- ... Handlungen und Ereignisse, die bis zu einem bestimmten Zeitpunkt in der Zukunft abgeschlossen sein werden.
- ... Vermutungen oder Annahmen über Vergangenes.
- ... nachdrückliche Aufforderungen.

12

Der Indikativ (II)

Das Perfekt

Das Präteritum

Das Plusquamperfekt

Auf einen Blick

Old Fashion TV

Das Perfekt

BILDUNG

Das Perfekt (= vollendete Gegenwart) wird mit dem Hilfsverb **haben** oder **sein** und dem Partizip II gebildet.

Hilfsverb haben im Präsens + **Partizip II**

Infinitiv →

	Schwache Verben arbeiten	Starke Verben lesen
ich	hab**e** gearbeitet	hab**e** gelesen
du	ha**st** gearbeitet	ha**st** gelesen
er/sie/es	ha**t** gearbeitet	ha**t** gelesen
wir	hab**en** gearbeitet	hab**en** gelesen
ihr	hab**t** gearbeitet	hab**t** gelesen
sie/Sie	hab**en** gearbeitet	hab**en** gelesen

Du hast alle diese Bücher gelesen?

Hilfsverb sein im Präsens + Partizip II

Infinitiv

	Schwache Verben reisen	Starke Verben fahren
ich	**bin** gereist	**bin** gefahren
du	**bist** gereist	**bist** gefahren
er / sie / es	**ist** gereist	**ist** gefahren
wir	**sind** gereist	**sind** gefahren
ihr	**seid** gereist	**seid** gefahren
sie / Sie	**sind** gereist	**sind** gefahren

Letztes Jahr sind wir viel gereist.

Das Perfekt mit haben

Das Perfekt mit **haben** bilden insbesondere ...

... alle transitiven Verben
Diese Verben können mit einem Akkusativobjekt auftreten.

lesen
Ich habe (ein Buch) gelesen.

kochen
Ich habe (Spaghetti) gekocht.

backen
Ich habe (einen Kuchen) gebacken.

... alle reflexiven Verben
Diese Verben verlangen ein zusätzliches Reflexivpronomen.

sich freuen
Ich habe mich gefreut.

sich waschen
Ich habe mich gewaschen.

sich ärgern
Ich habe mich geärgert.

... einige intransitive Verben
Diese Verben werden ohne Akkusativobjekt verwendet.

helfen
Sie hat dem Kind geholfen.

schlafen
Ich habe geschlafen.

warten
Wir haben an der Bushaltestelle gewartet.

Das Perfekt mit sein

Das Perfekt mit **sein** bilden die intransitiven Verben, wenn sie ...

... eine Fortbewegung oder gerichtete Bewegung bezeichnen

Ich **bin** heute schon vier Stunden durch die Stadt **gelaufen**.

... eine Veränderung bezeichnen (z. B. den Beginn oder das Ende einer Handlung)

Er **ist** ganz schnell **eingeschlafen**.

Das Perfekt mit **sein** bilden außerdem die Verben **sein** und **bleiben**:

Ich **bin** gestern dort **gewesen**.

Sie **ist** noch etwas länger **geblieben**.

Hier noch weitere Beispiele für Verben, die das Perfekt mit **sein** bilden:

GEBRAUCH

Mit dem Perfekt wird eine in der Vergangenheit abgeschlossene Handlung zum Ausdruck gebracht. Daher auch der Begriff „vollendete Vergangenheit“. Mit dem Perfekt wird meist das Ergebnis oder die Folge dieser Handlung betont:

Gestern habe ich das Bad geputzt.
(Ergebnis: Jetzt ist es sauber.)

Manchmal wird das Perfekt auch anstelle des Futur II benutzt. Der zukünftige Zeitpunkt muss durch eine Zeitangabe klar erkennbar sein:

Nächstes Jahr haben wir die Renovierungsarbeiten abgeschlossen.

In der gesprochenen Sprache wird meist das Perfekt als Erzählzeit verwendet, in der Schriftsprache dagegen das Präteritum.

Das Präteritum

BILDUNG

Infinitiv

	Schwache Verben sagen	Starke Verben rufen	Gemischte Verben denken
ich	sag**te**	rief	dach**te**
du	sag**test**	rief**st**	dach**test**
er/sie/es	sag**te**	rief	dach**te**
wir	sag**ten**	rief**en**	dach**ten**
ihr	sag**tet**	rief**t**	dach**tet**
sie/Sie	sag**ten**	rief**en**	dach**ten**

Bei schwachen Verben ist das Tempussignal für das Präteritum das Suffix **-te-**!

Bei starken verben ist das Tempussignal für das Präteritum die Änderung des Stammvokals!

Bei gemischten Verben ist das Tempussignal für das Präteritum die Mischung aus dem Suffix **-te-** und der Änderung des Stammvokals!

GEBRAUCH

Mit dem Präteritum werden Handlungen in der Vergangenheit beschrieben. Man verwendet es hauptsächlich in der geschriebenen Sprache, z. B. in Erzählungen, Berichten, Artikeln usw. Die Verben **haben** und **sein** sowie die Modalverben und der Ausdruck **es gibt** werden auch in der gesprochenen Sprache im Präteritum verwendet.

Warst du am Wochenende auf dem Konzert in der Stadthalle?

Nein, ich **hatte** Kopfschmerzen. Außerdem **gab es** keine Karten mehr.

Das Plusquamperfekt

BILDUNG

Das Plusquamperfekt wird mit den Hilfsverben **haben** oder **sein** im Präteritum und dem Partizip II gebildet. Es gelten die gleichen Bestimmungen bei der Verwendung der Hilfsverben wie beim Perfekt.

Hilfsverb haben / sein im Präteritum + **Partizip II**

Das Plusquamperfekt mit haben

Infinitiv →	Schwache Verben lieben	Starke Verben rufen
ich	hatt**e** geliebt	hatt**e** gerufen
du	hatt**est** geliebt	hatt**est** gerufen
er / sie / es	hatt**e** geliebt	hatt**e** gerufen
wir	hatt**en** geliebt	hatt**en** gerufen
ihr	hatt**et** geliebt	hatt**et** gerufen
sie / Sie	hatt**en** geliebt	hatt**en** gerufen

Das Plusquamperfekt mit sein

Infinitiv	**Schwache Verben** reisen	**Starke Verben** fahren
ich	war gereist	war gefahren
du	war**st** gereist	war**st** gefahren
er / sie / es	war gereist	war gefahren
wir	war**en** gereist	war**en** gefahren
ihr	war**t** gereist	war**t** gefahren
sie / Sie	war**en** gereist	war**en** gefahren

GEBRAUCH

Das Plusquamperfekt (= Vorvergangenheit) wird verwendet, um in der Vergangenheit Vorzeitigkeit auszudrücken. D. h. die Handlung, die einer anderen zeitlich vorangegangen ist, steht im Plusquamperfekt, die spätere Handlung im Perfekt oder Präteritum.

Plusquamperfekt → Präteritum

Nachdem er das Studium beendet hatte, machte er eine Weltreise.

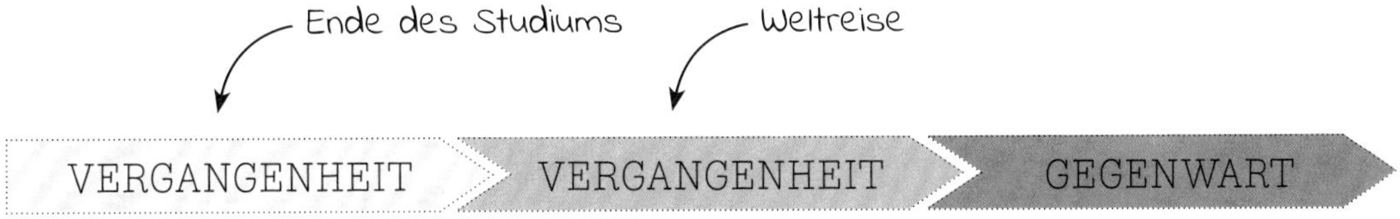

(vor zwei Jahren) (vor einem Jahr)

12 Auf einen Blick

Das Perfekt

Hilfsverb haben / sein im Präsens	+	Partizip II

Das Perfekt mit **haben** bilden ...

- ... **alle transitiven Verben**
- ... **alle reflexiven Verben**
- ... **einige intransitive Verben**

Das Perfekt mit **sein** bilden intransitive Verben, wenn sie ...

- ... eine Fortbewegung oder gerichtete Bewegung bezeichnen.
- ... eine Veränderung bezeichnen (z. B. den Beginn oder das Ende einer Handlung).

Das Perfekt mit **sein** bilden außerdem die Verben **sein** und **bleiben**.

Mit dem Perfekt wird eine in der Vergangenheit abgeschlossene Handlung zum Ausdruck gebracht. Daher auch der Begriff „vollendete Vergangenheit". Mit dem Perfekt wird meist das Ergebnis oder die Folge dieser Handlung betont.

Das Präteritum

- Bei schwachen Verben ist das Tempussignal für das Präteritum das Suffix **-te-**.
- Bei starken Verben ist das Tempussignal für das Präteritum die Änderung des Stammvokals.
- Bei gemischten Verben ist das Tempussignal für das Präteritum die Mischung aus dem Suffix **-te-** und der Änderung des Stammvokals.

Mit dem Präteritum werden Handlungen in der Vergangenheit beschrieben. Man verwendet es hauptsächlich in der geschriebenen Sprache, z. B. in Erzählungen, Berichten, Artikeln usw. Die Verben **haben** und **sein** sowie die Modalverben und der Ausdruck **es gibt** werden auch in der gesprochenen Sprache im Präteritum verwendet.

Das Plusquamperfekt

Hilfsverb haben / sein im Präteritum + **Partizip II**

Das Plusquamperfekt (= Vorvergangenheit) wird verwendet, um in der Vergangenheit Vorzeitigkeit auszudrücken. D. h. die Handlung, die einer anderen zeitlich vorangegangen ist, steht im Plusquamperfekt, die spätere Handlung im Perfekt oder Präteritum.

13

Der Konjunktiv

Was ist der Konjunktiv?

GEBRAUCH

Der Konjunktiv ist neben dem Indikativ und dem Imperativ einer der drei Modi (= Aussageweisen) des Deutschen. Der Konjunktiv (= Möglichkeitsform) wird verwendet, um Wünsche und Hoffnungen, Vermutungen und Annahmen, Bedingungen sowie Nicht-Wirkliches zum Ausdruck zu bringen. Außerdem wird mit dem Konjunktiv die indirekte Rede gebildet.

In der deutschen Sprache werden zwei Konjunktive unterschieden:

Konjunktiv I	Konjunktiv II
abgeleitet vom Präsens des Verbs	abgeleitet vom Präteritum des Verbs
wird vor allem für die indirekte Rede verwendet	wird vor allem für Wünsche und Hoffnungen, Vermutungen und Annahmen, Bedingungen und Nicht-Wirkliches verwendet

Ich **wünschte**, ich **wäre** Prinzessin.

Konjunktiv I und Konjunktiv II gibt es in den folgenden Zeitstufen – am Beispiel des Verbs **sein**:

Konjunktiv I		Konjunktiv II	
Präsens	ich sei	**Präteritum**	ich wäre
Perfekt	ich sei gewesen	**Plusquamperfekt**	ich wäre gewesen
Futur I	ich werde sein	**Futur I**	ich würde sein
Futur II	ich werde gewesen sein	**Futur II**	ich würde gewesen sein

Neben den bisher genannten Verwendungsmöglichkeiten des Konjunktivs kommt dieser auch noch in einigen festen Wendungen vor, wie zum Beispiel:

Sie **lebe** hoch!

Er **ruhe** in Frieden.

Außerdem wird der Konjunktiv oft als Höflichkeitsform verwendet:

Ich **hätte** gerne noch ein Glas Wein.

Würden Sie mir bitte die Rechnung **bringen**?

Manchmal findet man den Konjunktiv auch in Rezepten und mathematischen Aufgabestellungen:

Man **schneide** drei Äpfel in kleine Stücke, **gebe** diese mit einem halben Liter Wasser in einen Topf und **füge** einen Esslöffel Zucker hinzu.

Gegeben sei eine Strecke zwischen den Punkten A (1/3) und B (9/3).

Der Konjunktiv I

BILDUNG

In der Regel erfolgt die Bildung der Formen des Konjunktiv I wie folgt:

Präsens:

Verbstamm Präsens → **Endungen** -e / -est / -e / -en / -et / -en

Perfekt:

Personalform Konjunktiv I sein / haben + **Partizip Perfekt des Vollverbs**

Futur I:

Personalform Konjunktiv I werden + **Infinitiv des Vollverbs**

Futur II:

Personalform Konjunktiv I werden + **Partizip Perfekt des Vollverbs** + **Infinitiv des Hilfsverb** sein / haben

Bei einigen Formen (1. Pers. Sg. / 1. u. 3. Pers. Pl.) entspricht der Konjunktiv Präsens dem Indikativ Präsens.
Um den konjunktivischen Gebrauch zu verdeutlichen, weicht man daher meist auf den Konjunktiv Präteritum oder eine Umschreibung mit **würde** aus.

Musterkonjugation gehen (Unregelmäßiges Verb)

	Präsens	Perfekt
ich	gehe	sei gegangen
du	geh**est**	sei**(e)st** gegangen
er/sie/es	geh**e**	sei gegangen
wir	geh**en**	sei**en** gegangen
ihr	geh**et**	sei**et** gegangen
sie/Sie	geh**en**	sei**en** gegangen

	Futur I	Futur II
ich	werd**e** gehen	werd**e** gegangen sein
du	werd**est** gehen	werd**est** gegangen sein
er/sie/es	werd**e** gehen	werd**e** gegangen sein
wir	werd**en** gehen	werd**en** gegangen sein
ihr	werd**et** gehen	werd**et** gegangen sein
sie/Sie	werd**en** gehen	werd**en** gegangen sein

Musterkonjugation sagen (Regelmäßiges Verb)

	Präsens	Perfekt
ich	sag**e**	hab**e** gesagt
du	sag**est**	hab**est** gesagt
er/sie/es	sag**e**	hab**e** gesagt
wir	sag**en**	hab**en** gesagt
ihr	sag**et**	hab**et** gesagt
sie/Sie	sag**en**	hab**en** gesagt

	Futur I	Futur II
ich	werd**e** sagen	werd**e** gesagt haben
du	werd**est** sagen	werd**est** gesagt haben
er/sie/es	werd**e** sagen	werd**e** gesagt haben
wir	werd**en** sagen	werd**en** gesagt haben
ihr	werd**et** sagen	werd**et** gesagt haben
sie/Sie	werd**en** sagen	werd**en** gesagt haben

Musterkonjugation sein (Unregelmäßiges Verb)

	Präsens		Perfekt
ich	sei		sei gewesen
du	sei**(e)st**		sei**(e)st** gewesen
er/sie/es	sei		sei gewesen
wir	sei**en**		sei**en** gewesen
ihr	sei**et**		sei**et** gewesen
sie/Sie	sei**en**		sei**en** gewesen

	Futur I		Futur II
ich	werd**e** sein		werd**e** gewesen sein
du	werd**est** sein		werd**est** gewesen sein
er/sie/es	werd**e** sein		werd**e** gewesen sein
wir	werd**en** sein		werd**en** gewesen sein
ihr	werd**et** sein		werd**et** gewesen sein
sie/Sie	werd**en** sein		werd**en** gewesen sein

Sei bitte so lieb und lies deiner kleinen Schwester eine Geschichte vor!

Musterkonjugation werden (Unregelmäßiges Verb)

	Präsens	Perfekt
ich	werd**e**	sei geworden
du	werd**est**	sei**(e)st** geworden
er/sie/es	werd**e**	sei geworden
wir	werd**en**	sei**en** geworden
ihr	werd**et**	sei**et** geworden
sie/Sie	werd**en**	sei**en** geworden

	Futur I	Futur II
ich	werd**e** werden	werd**e** geworden sein
du	werd**est** werden	werd**est** geworden sein
er/sie/es	werd**e** werden	werd**e** geworden sein
wir	werd**en** werden	werd**en** geworden sein
ihr	werd**et** werden	werd**et** geworden sein
sie/Sie	werd**en** werden	werd**en** geworden sein

Musterkonjugation haben (Unregelmäßiges Verb)

	Präsens	Perfekt
ich	hab**e**	hab**e** gehabt
du	hab**est**	hab**est** gehabt
er/sie/es	hab**e**	hab**e** gehabt
wir	hab**en**	hab**en** gehabt
ihr	hab**et**	hab**et** gehabt
sie/Sie	hab**en**	hab**en** gehabt

	Futur I	Futur II
ich	werd**e** haben	werd**e** gehabt haben
du	werd**est** haben	werd**est** gehabt haben
er/sie/es	werd**e** haben	werd**e** gehabt haben
wir	werd**en** haben	werd**en** gehabt haben
ihr	werd**et** haben	werd**et** gehabt haben
sie/Sie	werd**en** haben	werd**en** gehabt haben

Der Konjunktiv II

BILDUNG

In der Regel erfolgt die Bildung der Formen des Konjunktiv II wie folgt:

Präteritum – unregelmäßige Verben:

Verbstamm Präteritum → **Endungen** -e / -est / -e / -en / -et / -en

! Bei den unregelmäßigen Verben gilt es einige Ausnahmen zu beachten, wie zum Beispiel:

Indikativ Präteritum:		Konjunktiv Präteritum:
ich kam	→	ich **käme**
ich verlor	→	ich **verlöre**
ich fuhr	→	ich **führe**

Präteritum – regelmäßige Verben:

Konjunktiv Präteritum = **Indikativ Präteritum**

Plusquamperfekt:

Personalform Konjunktiv II sein / haben + **Partizip Perfekt des Vollverbs**

Futur I:

Personalform Konjunktiv II werden + **Infinitiv des Vollverbs**

Futur II:

Personalform Konjunktiv II werden + **Partizip Perfekt des Vollverbs** + **Infinitiv des Hilfsverb sein / haben**

Musterkonjugation gehen (Unregelmäßiges Verb)

	Präteritum	Plusquamperfekt
ich	ging**e**	wär**e** gegangen
du	ging**est**	wär**(e)st** gegangen
er/sie/es	ging**e**	wär**e** gegangen
wir	ging**en**	wär**en** gegangen
ihr	ging**et**	wär**et** gegangen
sie/Sie	ging**en**	wär**en** gegangen

	Futur I	Futur II
ich	würd**e** gehen	würd**e** gegangen sein
du	würd**est** gehen	würd**est** gegangen sein
er/sie/es	würd**e** gehen	würd**e** gegangen sein
wir	würd**en** gehen	würd**en** gegangen sein
ihr	würd**et** gehen	würd**et** gegangen sein
sie/Sie	würd**en** gehen	würd**en** gegangen sein

Musterkonjugation sagen (Regelmäßiges Verb)

	Präteritum	Plusquamperfekt
ich	sagt**e**	hätt**e** gesagt
du	sagt**est**	hätt**est** gesagt
er/sie/es	sagt**e**	hätt**e** gesagt
wir	sagt**en**	hätt**en** gesagt
ihr	sagt**et**	hätt**et** gesagt
sie/Sie	sagt**en**	hätt**en** gesagt

	Futur I	Futur II
ich	würd**e** sagen	würd**e** gesagt haben
du	würd**est** sagen	würd**est** gesagt haben
er/sie/es	würd**e** sagen	würd**e** gesagt haben
wir	würd**en** sagen	würd**en** gesagt haben
ihr	würd**et** sagen	würd**et** gesagt haben
sie/Sie	würd**en** sagen	würd**en** gesagt haben

Musterkonjugation sein (Unregelmäßiges Verb)

	Präteritum	Plusquamperfekt
ich	wär**e**	wär**e** gewesen
du	wär**(e)st**	wär**(e)st** gewesen
er/sie/es	wär**e**	wär**e** gewesen
wir	wär**en**	wär**en** gewesen
ihr	wär**(e)t**	wär**(e)t** gewesen
sie/Sie	wär**en**	wär**en** gewesen

	Futur I	Futur II
ich	würd**e** sein	würd**e** gewesen sein
du	würd**est** sein	würd**est** gewesen sein
er/sie/es	würd**e** sein	würd**e** gewesen sein
wir	würd**en** sein	würd**en** gewesen sein
ihr	würd**et** sein	würd**et** gewesen sein
sie/Sie	würd**en** sein	würd**en** gewesen sein

Musterkonjugation werden (Unregelmäßiges Verb)

	Präteritum	Plusquamperfekt
ich	würd**e**	wär**e** geworden
du	würd**est**	wär**(e)st** geworden
er/sie/es	würd**e**	wär**e** geworden
wir	würd**en**	wär**en** geworden
ihr	würd**et**	wär**(e)t** geworden
sie/Sie	würd**en**	wär**en** geworden

	Futur I	Futur II
ich	würd**e** werden	würd**e** geworden sein
du	würd**est** werden	würd**est** geworden sein
er/sie/es	würd**e** werden	würd**e** geworden sein
wir	würd**en** werden	würd**en** geworden sein
ihr	würd**et** werden	würd**et** geworden sein
sie/Sie	würd**en** werden	würd**en** geworden sein

Musterkonjugation haben (Unregelmäßiges Verb)

	Präteritum	Plusquamperfekt
ich	hätt**e**	hätt**e** gehabt
du	hätt**est**	hätt**est** gehabt
er/sie/es	hätt**e**	hätt**e** gehabt
wir	hätt**en**	hätt**en** gehabt
ihr	hätt**et**	hätt**et** gehabt
sie/Sie	hätt**en**	hätt**en** gehabt

	Futur I	Futur II
ich	würd**e** haben	würd**e** gehabt haben
du	würd**est** haben	würd**est** gehabt haben
er/sie/es	würd**e** haben	würd**e** gehabt haben
wir	würd**en** haben	würd**en** gehabt haben
ihr	würd**et** haben	würd**et** gehabt haben
sie/Sie	würd**en** haben	würd**en** gehabt haben

Wir dachten, wir **hätten** unsere Traumwohnung **gefunden** – aber dann war die Miete leider doch zu hoch!

13 Auf einen Blick

Was ist der Konjunktiv?

Der Konjunktiv ist neben dem Indikativ und dem Imperativ einer der drei Modi (= Aussageweisen) des Deutschen. Der Konjunktiv (= Möglichkeitsform) wird verwendet, um Wünsche und Hoffnungen, Vermutungen und Annahmen, Bedingungen sowie Nicht-Wirkliches zum Ausdruck zu bringen. Außerdem wird mit dem Konjunktiv die indirekte Rede gebildet.

In der deutschen Sprache werden zwei Konjunktive unterschieden:

Konjunktiv I	**Konjunktiv II**
abgeleitet vom Präsens des Verbs	abgeleitet vom Präteritum des Verbs
wird vor allem für die indirekte Rede verwendet	wird vor allem für Wünsche und Hoffnungen, Vermutungen und Annahmen, Bedingungen und Nicht-Wirkliches verwendet

Konjunktiv I und Konjunktiv II gibt es in den folgenden Zeitstufen:

Konjunktiv I	**Konjunktiv II**
Präsens	Präteritum
Perfekt	Plusquamperfekt
Futur I	Futur I
Futur II	Futur II

Neben den oben genannten Verwendungsmöglichkeiten des Konjunktivs kommt dieser auch in festen Wendungen vor. Außerdem wird der Konjunktiv oft als Höflichkeitsform verwendet. Manchmal findet man den Konjunktiv auch in Rezepten und mathematischen Aufgabenstellungen.

Der Konjunktiv I

- Präsens:
  Verbstamm Präsens + Endungen **-e/-est/-e/-en/-et/-en**
- Perfekt:
  Personalform Konjunktiv I **sein/haben** + Partizip Perfekt des Vollverbs
- Futur I:
  Personalform Konjunktiv I **werden** + Infinitiv des Vollverbs
- Futur II:
  Personalform Konjunktiv I **werden** + Partizip Perfekt des Vollverbs + Infinitiv des Hilfsverbs **sein/haben**

Der Konjunktiv II

- Präteritum – unregelmäßige Verben:
  Verbstamm Präteritum + Endungen **-e/-est/-e/-en/-et/-e**

! Bei den unregelmäßigen Verben gilt es einige Ausnahmen zu beachten.

- Präteritum – regelmäßige Verben:
  Konjunktiv Präteritum = Indikativ Präteritum
- Plusquamperfekt:
  Personalform Konjunktiv II **sein/haben** + Partizip Perfekt des Vollverbs
- Futur I:
  Personalform Konjunktiv II **werden** + Infinitiv des Vollverbs
- Futur II:
  Personalform Konjunktiv II **werden** + Partizip Perfekt des Vollverbs + Infinitiv des Hilfsverbs **sein/haben**

14

Der Infinitiv

Was ist ein Infinitiv?

Der reine Infinitiv

Der Infinitiv mit „zu"

Auf einen Blick

lesen
reden
spielen
helfen
gehen
tanzen
schlafen
singen

Was ist ein Infinitiv?

BILDUNG

Der Infinitiv ist die Grundform des Verbs. Er ist in Person und Numerus unveränderlich.

du willst

ich will

er/sie/es will

tanzen
helfen
reden

wir wollen

sie/Sie wollen

ihr wollt

Ich will **schlafen**.

In der Regel hat der Infinitiv die Endung **-en**:

Verbstamm	**Endung** -en

tanzen
helfen
schlafen

! Ausnahmen bilden Verben, die auf **-ern**, **-eln** und **-n** enden, wie z. B.: bagg**ern**, samm**eln**, schütt**eln**, tu**n**.

Der Infinitiv kann entweder als reiner Infinitiv verwendet werden oder zusammen mit dem Infinitivpartikel **zu**.

Der reine Infinitiv

GEBRAUCH

Der reine Infinitiv steht ...

... nach den Modalverben **wollen**, **sollen**, **müssen**, **können**, **dürfen**, **mögen** und **möchten**

Ich kann schwimmen.

Wir dürfen spielen.

Auch in anderen Zeiten steht bei Modalverben der Infinitiv:

Ich habe schlafen können.

... nach den Verben **lassen** und **bleiben**

Ich lasse mir das nicht gefallen.

Auch in anderen Zeiten steht beim Verb **lassen** der Infinitiv:

Wir werden unsere Wohnung renovieren lassen.

... nach bestimmten Verben der Wahrnehmung, z. B. **hören** und **sehen**

Ich höre sie singen.

Du siehst sie tanzen.

... nach einigen einfachen Fortbewegungsverben, vor allem nach dem Verb **gehen**

Gehst du schwimmen?

Nein, ich fahre einkaufen.

Dann gehe ich eben alleine spazieren.

... nach den Verben **helfen**, **lehren**, **lernen**
Wenn der Infinitiv von Ergänzungen begleitet ist, wird der Infinitivpartikel **zu** eingefügt

Er hilft ihr putzen.

Ich lehre euch, den Infinitiv richtig einzusetzen.

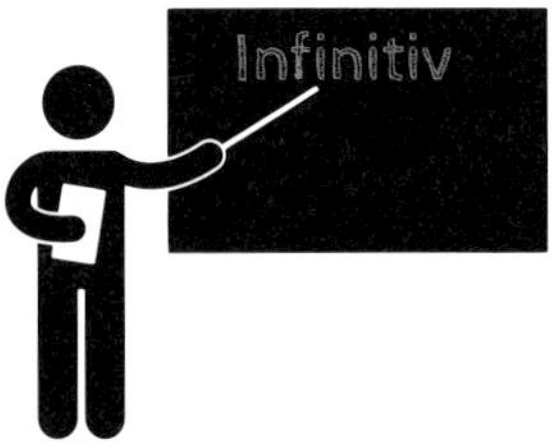

... in Futur I und Futur II

In einem Jahr werde ich mein Abi geschafft haben.

Morgen werde ich aufräumen.

... in der **würde**-Form des Konjunktivs

Ich würde mich freuen, wenn du Blumen mitbringst.

... bei Anweisungen

Drei Äpfel schälen und würfeln.

Achtung Baustelle! Langsam fahren!

Der Infinitiv mit „zu“

GEBRAUCH

Der Infinitiv mit **zu** steht …

… bei Verben oder Ausdrücken, die eine Absicht oder Meinung zum Ausdruck bringen

Ich habe die Absicht, nach München **zu fahren**.

Ich hoffe, dort etwas Erholung **zu finden**.

… bei Verben, die Phasen einer Handlung (Anfang, Ende oder Verlauf) ausdrücken

Ich fange an, müde **zu werden**.

Er hört nicht auf **zu reden**.

… bei den Verben **scheinen** und **brauchen**

Sie scheint **zu schlafen**.

Sie brauchen nicht **zu warten**.

… beim Hilfsverb **haben**

(**haben** + Infinitiv ist bedeutungsgleich mit **müssen**)

Sie hat das ganze Wochenende **zu arbeiten**.
= Sie muss das ganze Wochenende arbeiten.

… beim Hilfsverb **sein**

(**sein** + Infinitiv mit **zu** drückt eine passivische und modale Bedeutung aus)

Er ist wirklich **zu bedauern**.
= Er muss bedauert werden.

... nach den Konjunktionen **um**, **ohne**, **anstatt**

Die meisten Leute arbeiten, um zu leben.

Manche Leute leben, ohne zu arbeiten.

Und einige Leute arbeiten, anstatt zu leben.

... nach bestimmten Wendungen wie z. B. **die Freude haben**, **die Gelegenheit haben**, **die Möglichkeit haben**, **das Problem haben**, **Schwierigkeiten haben**, **Zeit haben**

Er hat endlich Zeit, sich darum zu kümmern.

Er hat die Möglichkeit, sich zu kümmern.

... nach bestimmten Adjektiven und Partizipien wie z. B. **bereit**, **entschlossen**, **erlaubt**, **verboten**, **erfreut**, **erstaunt**, **gewohnt**, **schwer**, **leicht**, **stolz**, **überzeugt**, **wichtig**

Es ist verboten, die Baustelle zu betreten.

... anstelle eines dass-Satzes (vor allem dann, wenn das Subjekt des Hauptsatzes mit dem Subjekt des dass-Satzes identisch ist)

Ich freue mich, sie zu sehen.
= Ich freue mich, dass ich sie sehe.

Bei Verben mit betontem Präfix steht **zu** zwischen Präfix und Verbstamm.

Ich freue mich, sie wiederzusehen.
= Ich freue mich, dass ich sie wiedersehe.

14 Auf einen Blick

Was ist ein Infinitiv?

Der Infinitiv ist die Grundform des Verbs. Er ist in Person und Numerus unveränderlich.

In der Regel hat der Infinitiv die Endung **-en**:

Verbstamm	Endung -en

Ausnahmen bilden Verben, die auf **-ern**, **-eln** und **-n** enden, wie z. B.: bagg**ern**, samm**eln**, tu**n**.

Der Infinitiv kann entweder als reiner Infinitiv verwendet werden oder zusammen mit dem Infinitivpartikel **zu**.

Der reine Infinitiv

Der reine Infinitiv steht ...

- ... nach den Modalverben **wollen**, **sollen**, **müssen**, **können**, **dürfen**, **mögen** und **möchten**.
- ... nach den Verben **lassen** und **bleiben**.
- ... nach bestimmten Verben der Wahrnehmung, wie z. B. **hören** und **sehen**.
- ... nach einigen einfachen Fortbewegungsverben, vor allem nach dem Verb **gehen**.
- ... nach den Verben **helfen**, **lehren**, **lernen**.
- ... in Futur I und Futur II.
- ... in der **würde**-Form des Konjunktivs.
- ... bei Anweisungen.

Der Infinitiv mit „zu“

Der Infinitiv mit **zu** steht ...

- ... bei Verben oder Ausdrücken, die eine Absicht oder Meinung zum Ausdruck bringen.
- ... bei Verben, die Phasen einer Handlung (Anfang, Ende oder Verlauf) ausdrücken.
- ... bei den Verben **scheinen** und **brauchen**.
- ... beim Hilfsverb **haben** (in der Bedeutung **müssen**).
- ... beim Hilfsverb **sein** (in passivischer und modaler Bedeutung).
- ... nach den Konjunktionen **um**, **ohne**, **anstatt**.
- ... nach bestimmten Wendungen, wie z. B. **die Freude haben**, **die Gelegenheit haben**, **die Möglichkeit haben**, **das Problem haben**, **Schwierigkeiten haben**, **Zeit haben**.
- ... nach bestimmten Adjektiven und Partizipien, wie z. B. **bereit**, **entschlossen**, **erlaubt**, **verboten**, **erfreut**, **erstaunt**, **gewohnt**, **schwer**, **leicht**, **stolz**, **überzeugt**, **wichtig**.
- ... anstelle eines dass-Satzes (vor allem dann, wenn das Subjekt des Hauptsatzes mit dem Subjekt des dass-Satzes identisch ist).

Es ist verboten, die Straße **zu befahren**.

15
Das Partizip

lachend
gelacht
gewusst
liebend
geliebt
lesend
gelesen
weinend
bewegend
gelobt
spielend
gespielt

Das Partizip I

BILDUNG

Das Partizip ist eine Verbform, die eine Mittelstellung zwischen Verb und Adjektiv einnimmt. Das Partizip I (= Partizip Präsens) hat in der Regel aktivische Bedeutung, d.h. das beschriebene Subjekt tut etwas.

Verbstamm	Endung -end

lachend
weinend
schreiend

die lesenden Kinder

der arbeitende Handwerker

die spielenden Jungen

Da das Partizip aus einem Verb gebildet und meist wie ein Adjektiv eingesetzt wird, wird es auch Verbaladjektiv genannt und entsprechend dekliniert:

Kasus	Maskulinum	Femininum	Neutrum	Plural
Nominativ	der beißende Hund	die lesende Frau	das strahlende Gesicht	die bewegenden Momente
Genitiv	des beißenden Hundes	der lesenden Frau	des strahlenden Gesichtes	der bewegenden Momente
Dativ	dem beißenden Hund	der lesenden Frau	dem strahlenden Gesicht	den bewegenden Momenten
Akkusativ	den beißenden Hund	die lesende Frau	das strahlende Gesicht	die bewegenden Momente

GEBRAUCH

Das Partizip I kann gebraucht werden ...

... als Attribut

die **singenden** Vögel

... als Adverb

Er ging **lachend** davon.

Wie ein Adjektiv kann das Partizip I auch selbst zum Substantiv werden:

der **Arbeitende**

die **Lachende**

In der Verbindung mit **zu** bekommt das Partizip I passivische Bedeutung und drückt zusätzlich eine bestimmte Modalität (meist Notwendigkeit) aus:

eine <u>zu</u> **erledigende** Arbeit → eine Arbeit, die erledigt werden muss

der **ein<u>zu</u>schlagende** Weg → ein Weg, der eingeschlagen werden muss

Das Partizip II

BILDUNG

Schwache Verben

Vorsilbe	Verbstamm	Endung
ge-		-t/-et

machen → gemacht
kochen → gekocht
reden → geredet
arbeiten → gearbeitet

Eine Ausnahme bilden die Verben auf **-ieren** und Verben mit unbetonten, nicht trennbaren Präfixen. Hier wird das Partizip II ohne die Vorsilbe **ge-** gebildet:

telefonieren – telefoniert

erklären – erklärt

Bei Verben mit betonten, trennbaren Präfixen steht das Element **-ge-** zwischen Präfix und Verbstamm:

aufwachen – aufgewacht

einkaufen – eingekauft

Starke Verben

Vorsilbe	Verbstamm	Endung
ge-	(mit Stammvokalwechsel)	-en

gehen → gegangen
helfen → geholfen
singen → gesungen
binden → gebunden

Als Attribut wird das Partizip II dekliniert wie ein Adjektiv:

Kasus	Maskulinum	Femininum	Neutrum	Plural
Nominativ	der generte Hausmeister	die gefüllte Flasche	das gestohlene Fahrrad	die geschafften Aufgaben
Genitiv	des genervten Hausmeisters	der gefüllten Flasche	des gestohlenen Fahrrads	der geschafften Aufgaben
Dativ	dem genervten Hausmeister	der gefüllten Flasche	dem gestohlenen Fahrrad	den geschafften Aufgaben
Akkusativ	den genervten Hausmeister	die gefüllte Flasche	das gestohlene Fahrrad	die geschafften Aufgaben

In dieser Verwendung hat das Partizip II meistens passivische Bedeutung, es kann aber bei bestimmten Verben auch aktivisch sein.

GEBRAUCH

Das Partizip II wird in Kombination mit den Hilfsverben **haben**, **sein** und **werden** zur Bildung der zusammengesetzten Zeiten und des Passivs benötigt:

Perfekt — Sie hat den Abschluss geschafft.

Plusquamperfekt — 2016 hatten sie geheiratet.

Futur II — Er wird geträumt haben.

Passiv — Sie wurde geliebt.

Wie ein Adjektiv kann das Partizip II auch selbst zum Substantiv werden:

der Geliebte 

die Gefürchteten 

Das Partizip II kann auch verwendet werden ...

... als Attribut — die gewaschene Wäsche

... als Adverb — Die Wäsche hängt gewaschen an der Leine.

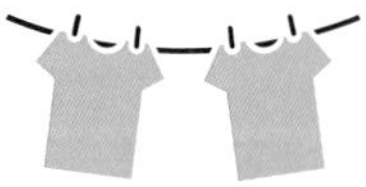

Partizip II mit passivischer Bedeutung

Das passivische Partizip II wird von transitiven Verben (= Verben, die ein Akkusativobjekt bei sich haben) gebildet.

der geschriebene Text → der Text, der geschrieben wurde

die Geretteten → die Menschen, die gerettet wurden

Partizip II mit aktivischer Bedeutung

Das attributive Partizip hat dann aktivische Bedeutung, wenn es von bestimmten intransitiven Verben gebildet ist, d. h. von Verben, die ihr Perfekt mit **sein** bilden. Das sind vor allem Bewegungsverben und reflexive Verben.

der eingefahrene Zug → der Zug, der eingefahren ist

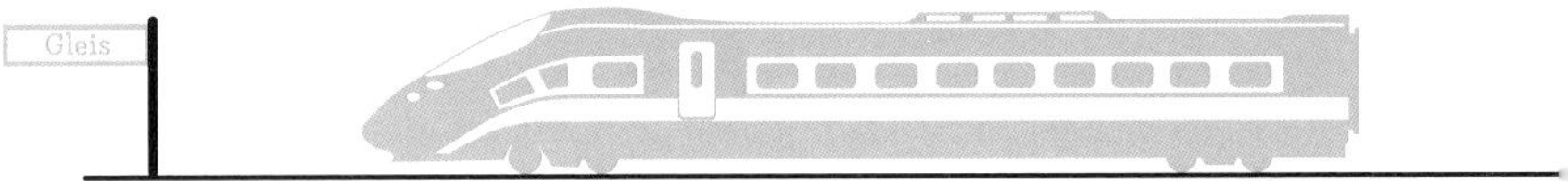

die angekommenen Gäste
→ die Gäste, die angekommen sind

Aktivische Partizipien II haben – im Unterschied zu Partizipien I – Vergangenheitsbedeutung:

Partizip I	Partizip II
der **einfahrende** Zug der Zug, der (gerade) einfährt	der eingefahrene Zug der Zug, der (bereits) eingefahren ist
die **ankommenden** Gäste die Gäste, die (gerade) ankommen	die angekommenen Gäste die Gäste, die (bereits) angekommen sind

15 Auf einen Blick

Das Partizip I

Verbstamm	Endung -end

Da das Partizip aus einem Verb gebildet und meist wie ein Adjektiv eingesetzt wird, wird es auch Verbaladjektiv genannt. In dieser Funktion wird es auch entsprechend dekliniert:

der **beißende** Hund, der **lesenden** Frau, dem **strahlenden** Gesicht, ...

Das Partizip I kann gebraucht werden ...

- ... als Attribut: die **singenden** Vögel
- ... als Adverb: Er ging **lachend** davon.

Wie ein Adjektiv kann das Partizip I auch selbst zum Substantiv werden:

der **Arbeitende** die **Lachende**

In der Verbindung mit **zu** bekommt das Partizip I passivische Bedeutung und drückt zusätzlich eine bestimmte Modalität (meist Notwendigkeit) aus:

eine zu **erledigende** Arbeit
der **einzuschlagende** Weg

Das Partizip II

Schwache Verben

Vorsilbe ge- | **Verbstamm** | **Endung** -t / -et

Starke Verben

Vorsilbe ge- | **Verbstamm** (mit Stammvokalwechsel) | **Endung** -en

Als Attribut wird das Partizip II dekliniert wie ein Adjektiv:

der generyte Hausmeister, der gefüllten Flasche, dem gestohlenen Fahrrad, ...

Das Partizip II wird in Kombination mit den Hilfsverben **haben**, **sein** und **werden** zur Bildung der zusammengesetzten Zeiten benötigt:

- Perfekt: Sie hat den Abschluss geschafft.
- Plusquamperfekt: 2016 hatten sie geheiratet.
- Futur II: Er wird geträumt haben.
- Passiv: Sie wurde geliebt.

Wie ein Adjektiv kann das Partizip II auch selbst zum Substantiv werden:

der Geliebte

die Gefürchteten

Das Partizip II kann auch verwendet werden ...

- ... als Attribut: die gewaschene Wäsche
- ... als Adverb: Die Wäsche hängt gewaschen an der Leine.

16

Das Passiv

Was ist das Passiv?

Persönliches und unpersönliches Passiv

Das Vorgangspassiv

Das Zustandspassiv

Auf einen Blick

Was ist das Passiv?

GEBRAUCH

Im Deutschen wird beim Genus Verbi (= Handlungsform) zwischen Aktiv und Passiv unterschieden. Das Passiv wird verwendet, wenn das Subjekt eines Satzes bei einem Geschehen eine passive Rolle einnimmt, d. h. dem Subjekt geschieht etwas, das Subjekt „erleidet“ etwas. Daher wird das Passiv manchmal auch als „Leideform“ bezeichnet. Durch die passive Rolle des Subjekts tritt die handelnde Person in den Hintergrund und das Geschehen an sich wird betont.

Aktiv

Die Frau **liest** das Buch.

Das Subjekt das Satzes (= die Frau) hat eine aktive Rolle. Der Handelnde des Vorgangs wird dadurch in den Vordergrund gestellt.

Passiv

Das Buch **wird gelesen**.

Das Subjekt das Satzes (= das Buch) hat eine passive Rolle. Der Handelnde (= die Frau) wird nicht genannt. Der Vorgang (= das Lesen) rückt dadurch in den Vordergrund.

Im Deutschen unterscheidet man zwei Passiv-Formen:

Vorgangspassiv
Der Ablauf einer Handlung steht im Mittelpunkt.

Das Essen **wird gekocht**.

Zustandspassiv
Der Ergebnis, d. h. der Zustand nach einer Handlung, steht im Mittelpunkt.

Das Essen **ist gekocht**.

Auch Modalverben können für Passivkonstruktionen verwendet werden:

Modalverb + **Partizip II** + **werden**

Das Fahrrad **muss / kann / soll repariert werden**.

In vielen Passivsätzen wird der Handelnde nicht erwähnt, da er unwichtig oder unbekannt ist. Soll der Handelnde aber genannt werden, verwendet man dafür die Präposition **von** oder (seltener) **durch**:

Subjekt — Objekt

Aktiv: Mein Papa **repariert** das Dreirad.

Passiv: Das Dreirad **wird** von meinem Papa **repariert**.

Subjekt — Objekt

Bei der Umformung eines Aktivsatzes in einen Passivsatz ...

... wird das Akkusativobjekt des Aktivsatzes zum Subjekt des Passivsatzes.
... wird das Subjekt des Aktivsatzes im Passivsatz mit **von** oder **durch** angeschlossen (oder entfällt komplett).
... wird die Aktivform des Verbs in die entsprechende Passivform umgewandelt.

Zu den Verben, die ein Passiv bilden, gehören vor allem die transitiven Verben (= Verben, die den Akkusativ bei sich haben können). Intransitive Verben, reflexive Verben und Verben, die das Perfekt mit **sein** bilden, können kein Passiv bilden. Bei intransitiven Verben ist aber ein unpersönliches Passiv möglich.

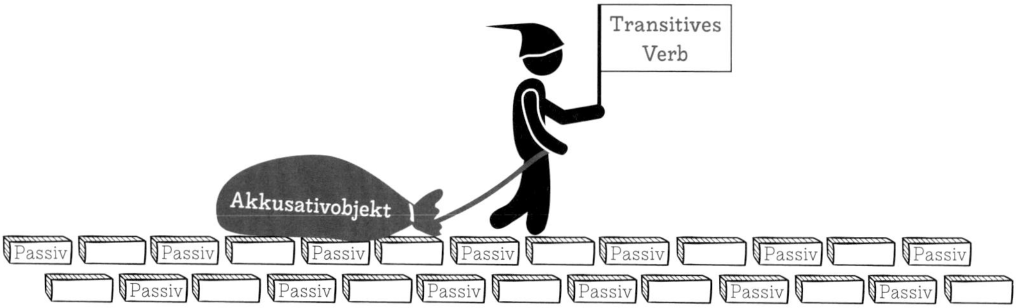

Passivsätze werden im Deutschen seltener verwendet als Aktivsätze, weil sie oftmals unpersönlicher, weniger lebendig und sperriger klingen. Passivsätze finden sich hauptsächlich in der Schriftsprache, vor allem in ...

... Berichten in der Zeitung

Bei einem Unfall auf der A8 **wurden** drei Personen **verletzt**.

... wissenschaftlichen Texten

Anhand dieser Versuchsreihe **wurde nachgewiesen**, dass ...

... offiziellen Mitteilungen

Der Kongress des Philologenverbandes **wurde** kurzfristig **verschoben**.

... Beschreibungen von Arbeitsvorgängen

Zuerst **werden** die Tomaten gründlich **gewaschen**.
Dann **werden** sie in Scheiben **geschnitten**. Anschließend ...

... Regeln und Vorschriften

Widerrechtlich abgestellte Fahrzeuge **werden** kostenpflichtig **entfernt**.

Persönliches und unpersönliches Passiv

GEBRAUCH

Persönliches Passiv

Ein persönliches Passiv liegt dann vor, wenn derjenige, der von der Handlung betroffen ist, genannt wird und Subjekt des Passivsatzes ist:

Die Zeitung wurde heute Morgen zugestellt.

Thomas und Anna werden von der Polizei angehalten.

Das Fahrrad wird am Wochenende repariert werden.

Unpersönliches Passiv

Wird derjenige, der von der Handlung betroffen ist, nicht genannt und bildet stattdessen das Pronomen **es** das Subjekt des Satzes, nennt man das unpersönliches Passiv. Meist ist das unpersönliche Passiv ein Vorgangspassiv, das mit **werden** gebildet wird. Das Pronomen **es** steht dabei immer am Satzanfang:

Es wurde damals nicht darüber geredet.

Es wird gerade überall gebaut.

Daneben gibt es noch den subjektlosen Passivsatz: Hierbei entfällt das Pronomen **es** und ein anderes Satzglied steht am Satzanfang:

Geredet wurde damals nicht darüber.

Überall wird gerade gebaut.

Das Vorgangspassiv

BILDUNG

Präsens

Form von werden (Präsens)	+	Partizip II

Die Handtücher **werden** jeden zweiten Tag **gewechselt**.

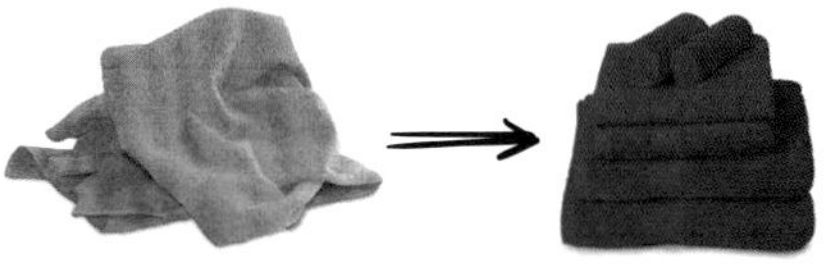

Präteritum

Form von werden (Präteritum)	+	Partizip II

Die Bluse **wurde** noch nicht **gebügelt**.

Perfekt

Form von sein (Präsens)	+	Partizip II	+	worden

Mein Auto **ist** gestern **abgeschleppt worden**.

Plusquamperfekt

Form von sein (Präteritum)	+	Partizip II	+	worden

Das Motorrad war schon mehrfach repariert worden.

Futur I

Form von werden (Präsens)	+	Partizip II	+	werden

Die Äpfel werden bald geerntet werden.

Futur II

Form von werden (Präsens)	+	Partizip II	+	worden sein

Das Päckchen wird schon geliefert worden sein.

Das Zustandspassiv

BILDUNG

Präsens

Form von sein (Präsens) + **Partizip II**

Der Kuchen ist frisch gebacken.

Präteritum

Form von sein (Präteritum) + **Partizip II**

Das Bad war geputzt.

Perfekt

Form von sein (Präsens) + **Partizip II** + **gewesen**

Das Schwimmbad ist gestern geöffnet gewesen.

Plusquamperfekt

Form von sein (Präteritum)	+	Partizip II	+	gewesen

Der Supermarkt war heute Morgen noch geschlossen gewesen.

Futur I

Form von werden (Präsens)	+	Partizip II	+	sein

Das Wohnzimmer wird morgen eingerichtet sein.

Futur II

Form von werden (Präsens)	+	Partizip II	+	gewesen sein

Das Radio wird eingeschaltet gewesen sein.

16 Auf einen Blick

Was ist das Passiv?

Passiv

Vorgangspassiv	Zustandspassiv
Das Essen **wird gekocht.**	Das Essen **ist gekocht.**
Der Ablauf einer Handlung steht im Mittelpunkt.	Der Zustand nach einer Handlung, steht im Mittelpunkt.

Auch Modalverben können für Passivkonstruktionen verwendet werden:

Das Fahrrad **muss / kann / soll repariert werden**.

Persönliches und unpersönliches Passiv

Persönliches Passiv

Ein persönliches Passiv liegt dann vor, wenn derjenige, der von der Handlung betroffen ist, genannt wird und Subjekt des Passivsatzes ist:

Die Zeitung wurde heute Morgen zugestellt.

Unpersönliches Passiv

Wird derjenige, der von der Handlung betroffen ist, nicht genannt und bildet stattdessen das Pronomen **es** das Subjekt des Satzes, nennt man das unpersönliches Passiv:

Es wurde damals nicht darüber geredet.

Daneben gibt es noch den subjektlosen Passivsatz. Hierbei entfällt das Pronomen **es** und ein anderes Satzglied steht am Satzanfang:

Geredet wurde damals nicht darüber.

Das Vorgangspassiv

• Präsens:	Form von **werden** (Präsens)	+	Partizip II		
• Präteritum:	Form von **werden** (Präteritum)	+	Partizip II		
• Perfekt:	Form von **sein** (Präsens)	+	Partizip II	+	worden
• Plusquamperfekt:	Form von **sein** (Präteritum)	+	Partizip II	+	worden
• Futur I:	Form von **werden** (Präsens)	+	Partizip II	+	werden
• Futur II:	Form von **werden** (Präsens)	+	Partizip II	+	worden sein

Das Essen **wird gekocht**.

Das Zustandspassiv

• Präsens:	Form von **sein** (Präsens)	+	Partizip II		
• Präteritum:	Form von **sein** (Präteritum)	+	Partizip II		
• Perfekt:	Form von **sein** (Präsens)	+	Partizip II	+	gewesen
• Plusquamperfekt:	Form von **sein** (Präteritum)	+	Partizip II	+	gewesen
• Futur I:	Form von **werden** (Präsens)	+	Partizip II	+	sein
• Futur II:	Form von **werden** (Präsens)	+	Partizip II	+	gewesen sein

Das Essen **ist gekocht**.

17
Die Konjunktion

Die nebenordnende Konjunktion

GEBRAUCH

Konjunktionen (= Bindewörter) verbinden Wörter, Wortgruppen und Sätze miteinander. Sie sind unveränderlich und werden kleingeschrieben.
Nebenordnende Konjunktionen verbinden gleichrangige Wörter, Wortgruppen und Sätze.

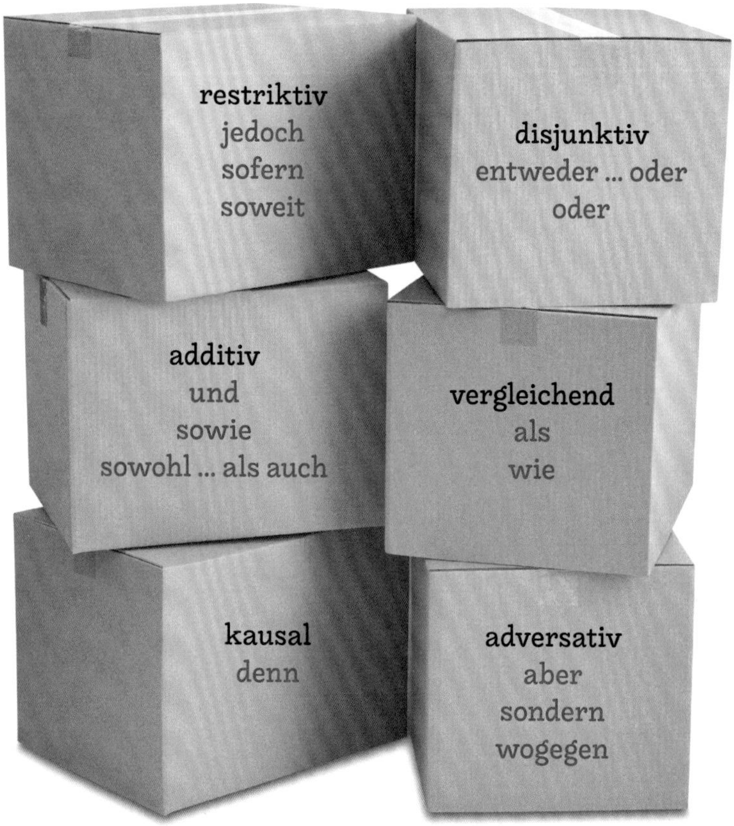

Man unterscheidet zwischen additiven (= hinzufügenden), disjunktiven (= einander ausschließenden), kausalen (= begründenden), restriktiven (= einschränkenden), adversativen (= entgegensetzenden) und vergleichenden Konjunktionen.
Konjunktionen ermöglichen Aufzählungen und Reihungen, Vergleiche, die Angabe von Alternativen, Gründen, Einschränkungen und Gegensätzen.

Möchtest du ein paar Kirschen?

Möchtest du ein paar Erdbeeren?

Möchtest du ein paar Kirschen **oder** Erdbeeren?

Ich habe ein schönes Kleid gekauft.

Ich habe neue Schuhe gekauft.

Ich habe ein schönes Kleid **und** neue Schuhe gekauft.

Ich mag Gummibären.

Ich mag Schokolade.

Ich mag **sowohl** Gummibären **als auch** Schokolade.

Es gibt Blumen.

Es gibt keine Bäume.

Es gibt Blumen, **aber** keine Bäume.

Die unterordnende Konjunktion

GEBRAUCH

Unterordnende Konjunktionen – oft auch Subjunktionen genannt – leiten Nebensätze ein. Sie stellen damit einen logischen Zusammenhang zwischen Haupt- und Nebensatz her.

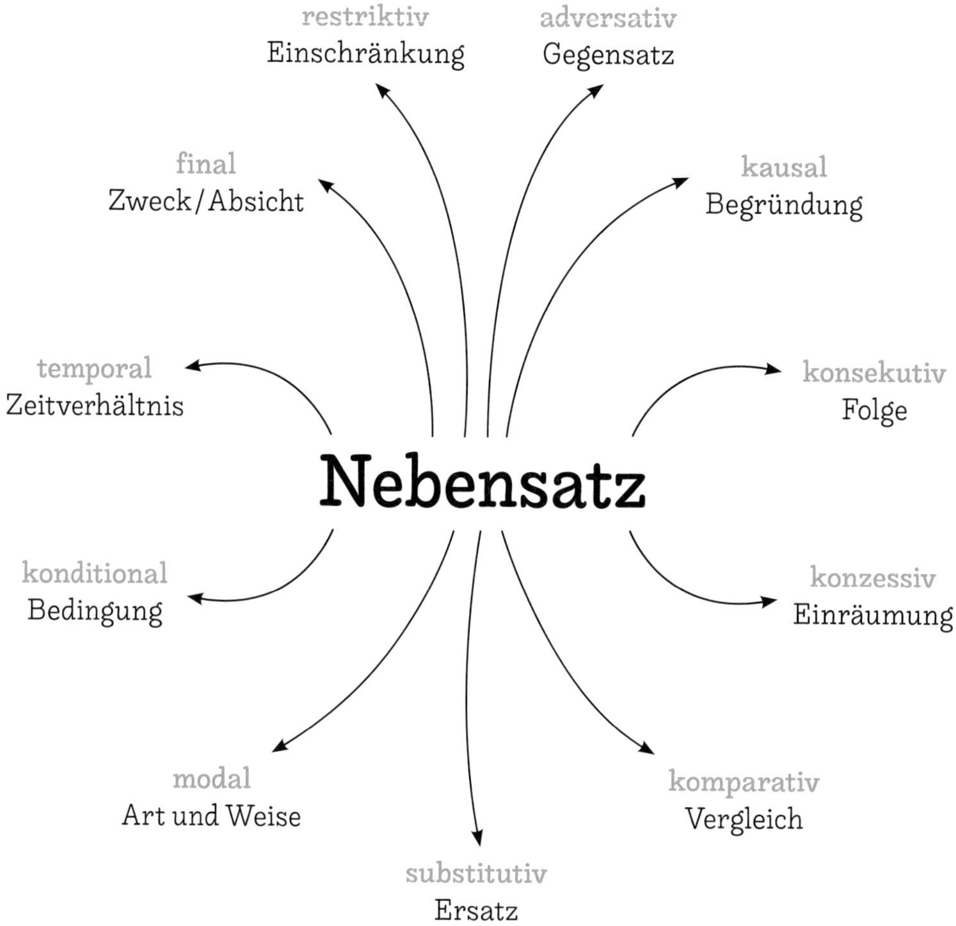

konzessiv
obgleich
obschon
obwohl
wenngleich
wenn ... auch

temporal
als, bevor, bis, ehe
nachdem, seit
seitdem
solange
sooft
wenn
während

komparativ
als
als ob
je ... desto

kausal
da
weil
zumal

restriktiv
soviel
soweit
außer dass

final
dass
damit
um ... zu

konsekutiv
als dass
sodass
dass

substitutiv
anstatt dass
statt dass

konditional
wenn
falls
sofern
soweit

adversativ
während
wohingegen

modal
dadurch dass
indem
wodurch
womit

Sie haben eine Flasche Sekt gekauft, **um** meinen Geburtstag zu feiern.

finaler Nebensatz

kausaler Nebensatz

Ich kann nicht mitkommen, **weil** ich keine Zeit habe.

Ihr spanischer Freund sprach so schnell, **dass** ich kein Wort verstand.

konsekutiver Nebensatz

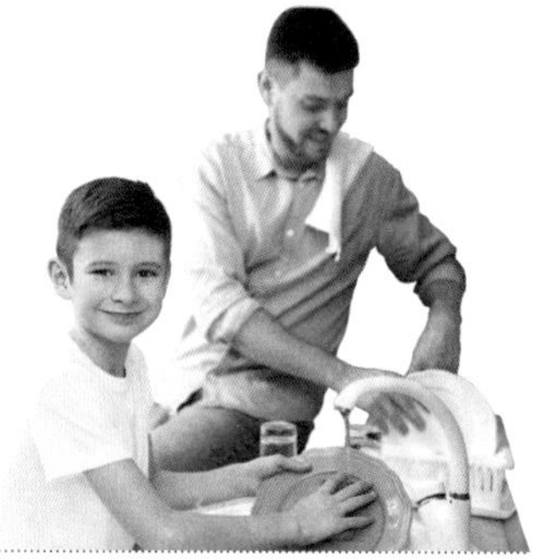

temporaler Nebensatz

Wir spülten ab, **nachdem** wir zu Abend gegessen hatten.

Obwohl ich jedes Jahr älter werde, fühle ich mich nicht alt.

konzessiver Nebensatz

Die Konjunktionaladverbien

GEBRAUCH

Neben den Konjunktionen können auch bestimmte Adverbien Hauptsätze miteinander verbinden, die man daher Konjunktionaladverbien nennt:

- deshalb
- deswegen
- trotzdem
- sonst
- daher
- auch
- also

Konjunktionaladverbien können – anders als nebenordnende Konjunktionen, die immer am Satzanfang stehen – auch andere Positionen im Satz einnehmen und stehen in der Regel im zweiten von zwei Hauptsätzen.

Anna ging schon um zehn Uhr ins Bett, **sonst** tat sie das nie.

Ich hatte mich in der fremden Stadt verlaufen.
Ich fragte **deshalb** eine Einheimische nach dem Weg.

Er war rechtzeitig losgegangen, **trotzdem** beeilte er sich.

Für den Satzbau von Konjunktionalsätzen gilt:

Nebenordnende Konjunktion	+	Subjekt	+	finites Verb	+	...
Unterordnende Konjunktion	+	Subjekt	+	...	+	finites Verb
Konjunktionaladverb	+	finites Verb	+	Subjekt	+	...

17 Auf einen Blick

Die nebenordnende Konjunktion

Konjunktionen (= Bindewörter) verbinden Wörter, Wortgruppen und Sätze miteinander. Sie sind unveränderlich und werden kleingeschrieben. Nebenordnende Konjunktionen verbinden gleichrangige Wörter, Wortgruppen und Sätze.

additiv
- und
- sowie
- sowohl ... als auch

restriktiv
- jedoch
- sofern
- soweit

adversativ
- aber
- sondern
- wogegen

disjunktiv
- entweder ... oder
- oder

vergleichend
- als
- wie

kausal
- denn

Die Konjunktionaladverbien

Neben den Konjunktionen können auch bestimmte Adverbien Hauptsätze miteinander verbinden, die man daher Konjunktionaladverbien nennt. Konjunktionaladverbien können – anders als nebenordnende Konjunktionen, die immer am Satzanfang stehen – auch andere Positionen im Satz einnehmen und stehen in der Regel im zweiten von zwei Hauptsätzen.

- also
- auch
- daher
- deshalb
- deswegen
- sonst
- trotzdem

Die unterordnende Konjunktion

Unterordnende Konjunktionen – oft auch Subjunktionen genannt – leiten Nebensätze ein. Sie stellen damit einen logischen Zusammenhang zwischen Haupt- und Nebensatz her.

modal
- dadurch, dass
- indem
- wodurch
- womit

final
- dass
- damit
- um ... zu

kausal
- da
- weil
- zumal

konzessiv
- obgleich
- obschon
- obwohl
- wenngleich
- wenn ... auch

konditional
- wenn
- falls
- sofern
- soweit

konsekutiv
- als dass
- sodass
- dass

restriktiv
- soviel
- soweit
- außer dass

komparativ
- als
- als ob
- je ... desto

temporal
- als
- bevor
- bis
- ehe
- nachdem
- seit
- seitdem
- solange
- sooft
- wenn
- während

adversativ
- während
- wohingegen

substitutiv
- anstatt dass
- statt dass

18 Der Satz

Die Satzglieder

GEBRAUCH

Ein Satz besteht aus einzelnen Wörtern bzw. Wortgruppen, die jeweils eine bestimmte Funktion im Satz übernehmen: die sogenannten Satzglieder.
Im Deutschen unterscheidet man vier verschiedene Satzglieder: Subjekt, Prädikat, Objekt und Adverbial.

Das Subjekt

Das Subjekt steht immer im Nominativ und gibt Auskunft darüber, welche Person oder welche Sache maßgeblich an einer Handlung beteiligt oder von einem Geschehen betroffen ist.

Wer oder was?

Der Mann betritt den Raum.

Die Birne fällt vom Baum.

Das Subjekt kann ein Substantiv oder ein Pronomen sein.

Das Prädikat

Das Prädikat enthält immer eine konjugierte Verbform und beschreibt, was geschieht. Das Prädikat besteht aus dem finiten Verb und ggf. weiteren Verbteilen.

Was passiert?

Der Mann betritt den Raum.

Die Birne fällt vom Baum.

Bei Prädikaten mit den Hilfsverben **sein**, **werden** und **bleiben** nennt man die nicht-verbalen Teile „Prädikativ".

Er ist musikalisch.

Er wird Musiker.

Das Objekt

Das Objekt wird auch Satzergänzung genannt.

Es gibt Sätze ...

... ohne Objekt — Ich male.

... mit einem Objekt — Ich male ein Bild.

... mit mehreren Objekten — Ich male meiner Freundin ein Bild.

Die Objekte werden vom Verb bestimmt. Jedes Verb fordert bestimmte Objekte. Dies nennt man die Valenz des Verbs.

Das Akkusativobjekt

Das Akkusativobjekt ist das sogenannte direkte Objekt.

Wen (oder was)?

Wen oder was sucht Herr Meier?

Herr Meier sucht seine Frau.

Wen oder was backt Birgit?

Einen Kuchen backt Birgit.

Das Dativobjekt

Das Dativobjekt ist das sogenannte indirekte Objekt. Es bezeichnet in den meisten Fällen die Person, die von einer Handlung betroffen ist.

Wem?

Wem hilft die Ärztin? → Die Ärztin hilft dem Patienten.

Das Genitivobjekt

Das Genitivobjekt tritt nur bei wenigen Verben auf, da es in vielen Fällen durch Präpositionalobjekte ersetzt wird.

Wessen?

Wessen wurde der Mann verdächtigt? → Der Mann wurde des Einbruchs verdächtigt.

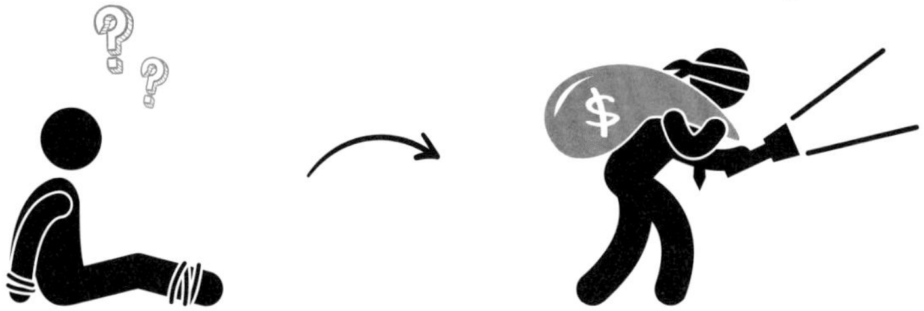

Das Präpositionalobjekt

Einige Verben haben eine feste Präposition, die den Kasus des dazugehörigen Objekts bestimmt. Die Präposition und das Objekt bilden zusammen das Präpositionalobjekt.

Worauf (= auf wen oder was) wartet Peter?
(Akkusativ)

Peter wartet auf den Bus.

Worüber (= über wen oder was) sprechen die beiden?
(Akkusativ)

Sie sprechen über den Hund.

Woran (= an wen oder was) denkt Claudia?
(Akkusativ)

Claudia denkt an ihre Kollegen.

Wozu (= zu wem oder was) lädt er sie ein?
(Dativ)

Er lädt sie zu seiner Party ein.

Das Adverbial

Ein Adverbial – auch adverbiale Bestimmung genannt – gibt die näheren Umstände einer Handlung oder eines Geschehens an.

Man unterscheidet zwischen folgenden Arten von Adverbialen:

- **Temporaladverbial** (Wann? Wie lange? Seit wann? Bis wann?)
- **Modaladverbial** (Wie? Auf welche Weise?)
- **Lokaladverbial** (Wo? Wohin? Woher?)
- **Kausaladverbial** (Warum? Wozu?)

Das Attribut

GEBRAUCH

Die einzelnen Satzglieder können durch Attribute (= Beifügungen) ergänzt werden. Man unterscheidet zwischen Adjektiv- und Genitivattribut:

Adjektivattribut: Der berühmte Autor schreibt gerade an seinem neuen Roman.

Genitivattribut: Der kleine Junge wohnte mit seinen Eltern am Rande der Stadt.

Das Attribut ist kein eigenes Satzglied, sondern ein Satzgliedteil. Es kann daher auch nicht losgelöst von seinem Bezugswort innerhalb des Satzes verschoben werden.

Ein Satz kann mit Attributen erweitert werden, ohne dass sich dadurch die Anzahl der Satzglieder erhöht:

Subjekt	Prädikat	Objekt	Adverbial
Der Mann	schreibt	einen Brief	mit einem Füller.
Der alte Mann	schreibt	einen Brief	mit einem Füller.
Der alte Mann	schreibt	einen langen Brief	mit einem Füller.
Der alte Mann	schreibt	einen langen Brief	mit einem blauen Füller.

Die Valenz der Verben

GEBRAUCH

Die Art und Zahl der Ergänzungen, die ein Verb fordert, nennt man Valenz des Verbs. Das Verb ist damit zentraler Bestandteil eines Satzes, da viele der anderen Satzglieder von ihm abhängen.

Verben können ...

... nur ein Subjekt haben

Sie **lacht**.

... ein Subjekt und ein Akkusativobjekt haben

Sie **liest** einen Brief.

... ein Subjekt und ein Dativobjekt haben

Sie **dankt** ihm.

... ein Subjekt und ein Präpositionalobjekt haben

Sie **wartet** auf ihn.

... ein Subjekt, ein Akkusativobjekt und ein Dativobjekt haben

Sie **gibt** ihrem Freund den Brief.

... ein Subjekt, ein Akkusativobjekt und ein Präpositionalobjekt haben

Sie **schreibt** eine Karte an ihre Mutter.

18 Auf einen Blick

Die Satzglieder

Ein Satz besteht aus einzelnen Wörtern bzw. Wortgruppen, die jeweils eine bestimmte Funktion im Satz übernehmen: die sogenannten Satzglieder.

Das Subjekt

Das Subjekt steht immer im Nominativ und gibt Auskunft darüber, welche Person oder welche Sache maßgeblich an einer Handlung beteiligt oder von einem Geschehen betroffen ist. Das Subjekt kann ein Substantiv oder ein Pronomen sein.

Wer oder was?

Das Prädikat

Das Prädikat enthält immer eine konjugierte Verbform. Das Prädikat beschreibt, was geschieht. Das Prädikat besteht aus dem finiten Verb und gegebenenfalls weiteren Verbteilen. Bei Prädikaten mit den Hilfsverben **sein**, **werden** und **bleiben** nennt man die nicht-verbalen Teile „Prädikativ“.

Was passiert?

Das Objekt

Das Objekt wird auch Satzergänzung genannt. Im Deutschen unterscheidet man:

- Akkusativobjekt
- Dativobjekt
- Genitivobjekt
- Präpositionalobjekt

Wen?

Wem?

Wessen?

Präposition + Objekt

Das Adverbial

Ein Adverbial – auch adverbiale Bestimmung genannt – gibt die näheren Umstände einer Handlung oder eines Geschehens an. Im Deutschen unterscheidet man:

- Temporaladverbial
- Modaladverbial
- Lokaladverbial
- Kausaladverbial

Das Attribut

Die einzelnen Satzglieder können durch Attribute (= Beifügungen) ergänzt werden. Man unterscheidet zwischen Adjektiv- und Genitivattribut:

- Adjektivattribut:
  Der berühmte Autor schreibt gerade an seinem neuen Roman.
- Genitivattribut:
  Der kleine Junge wohnte mit seinen Eltern am Rande der Stadt.

Das Attribut ist kein eigenes Satzglied, sondern ein Satzgliedteil. Es kann daher auch nicht losgelöst von seinem Bezugswort innerhalb des Satzes verschoben werden.
Ein Satz kann mit Attributen erweitert werden, ohne dass sich dadurch die Anzahl der Satzglieder erhöht.

Die Valenz der Verben

Die Art und Zahl der Ergänzungen, die ein Verb fordert, nennt man Valenz des Verbs. Das Verb ist damit zentraler Bestandteil eines Satzes, da viele der anderen Satzglieder von ihm abhängen.

Verben können ...

- ... nur ein Subjekt haben.
- ... ein Subjekt und ein Akkusativobjekt haben.
- ... ein Subjekt und ein Dativobjekt haben.
- ... ein Subjekt und ein Präpositionalobjekt haben.
- ... ein Subjekt, ein Akkusativobjekt und ein Dativobjekt haben.
- ... ein Subjekt, ein Akkusativobjekt und ein Präpositionalobjekt haben.

19 Die Wortstellung im Satz

Die fünf grammatischen Felder

Der Aussagesatz

Der Fragesatz

Auf einen Blick

Die fünf grammatischen Felder

GEBRAUCH

Das Prinzip der grammatischen Felder wird im Deutschen zur Beschreibung des Satzbaus verwendet. Ein Satz besteht demnach aus mehreren dieser sogenannten Felder, wobei mindestens die Felder finites Verb und Mittelfeld vertreten sind:

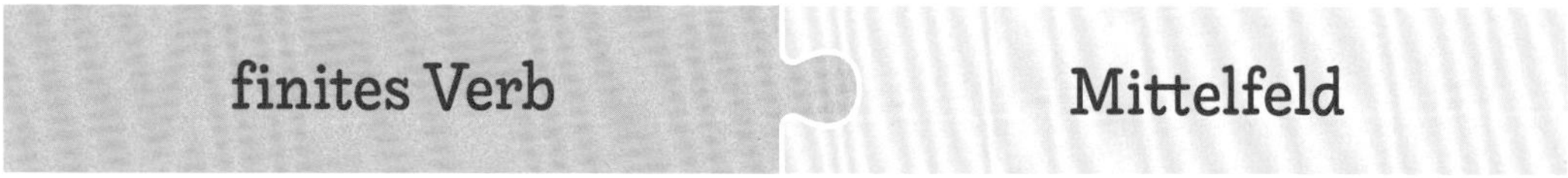

Die meisten Sätze haben außerdem ein Vorfeld und ein infinites Verb am Ende. In einigen Sätzen gibt es nach dem infiniten Verb ein Nachfeld.

Das Vorfeld

Das Vorfeld ist die erste Position des Satzes, also der Satzanfang. Dort steht ein Satzglied, das aus mehreren Wörtern bestehen kann. Häufige Satzglieder im Vorfeld sind:

- das Subjekt
- textverbindende Elemente (wie Konjunktionaladverbien)
- Kontextinformationen (temporale, kausale, modale, lokale Abgaben; ggf. auch Nebensätze)

Vorfeld	finites Verb	Mittelfeld	infinites Verb	Nachfeld
Sie	geht	langsam.		
Weil er verliebt ist,	will	er sie	heiraten.	
Am Abend	essen	sie Fisch.		
Am Strand	fragt	er sie		nach Sonnencreme.

Das Mittelfeld

Das Mittelfeld ist die Satzmitte. Die Abfolge im Mittelfeld ist nicht fest geregelt. Es lassen sich nur einige Tendenzen angeben:

- Wichtiges am Ende
- Bekanntes vor Neuem
- kurze Elemente vor längeren Elementen
- Substantiv vor Präpositionalobjekten
- Pronomen vor Substantiven
- Pronomen vor Präpositionalobjekten
- Reihenfolge der Substantive: Nominativ Dativ Akkusativ Genitiv
- Reihenfolge der Pronomen: Nominativ Akkusativ Dativ
- Reihenfolge der Adverbialen: temporal kausal modal lokal

Beispiel	Erklärung
Er gab der Frau die Rose.	Reihenfolge der Substantive: Dativ vor Akkusativ
Er gab der Frau eine Rose.	Bekanntes vor Neuem
Er gab die Rose einer Frau.	Bekanntes vor Neuem
Er gab ihr die Rose.	Pronomen vor Substantiven
Er gab sie ihr.	Reihenfolge der Pronomen: Akkusativ vor Dativ
Dann bat er die Frau um eine Antwort.	Substantiv vor Präpositionalobjekten
Sie gingen dann schnell zum Standesamt.	Reihenfolge der Adverbiale: temporal vor modal vor lokal

Das Nachfeld

Im Nachfeld können umfangreiche Satzglieder stehen, vor allem Nebensätze, aber auch präzisierende Zusatzinformationen oder Vergleiche.

Nebensatz
Er hat sie schließlich gefragt, weil er nicht mehr warten wollte.

Präzisierung
Er hat ihr Rosen geschenkt, fünfzig rote Rosen.

Vergleich
Sie liebt ihn genauso wie er sie.

Exkurs: Stellung der Attribute

Im Deutschen lassen sich zwei Arten von Attributen unterscheiden:

Linksattribut S | S **Rechtssattribut**

steht vor dem Substantiv

- Adjektive / Partizipien
- Erweiterungen des Adjektivs / Partizips
- vorangestellter Genitiv (mit **-s**)

steht nach dem Substantiv

- Genitiv
- Präpositionalgruppe
- Relativsatz und Kombinationen davon

In Sätzen können nur Linksattribute, nur Rechtsattribute oder beide Arten stehen:

Artikel	Linksattribut	Substantiv	Rechtsattribut
das	kleine	Haus	nebenan
das	an der Straße gelegene	Haus	
	Lisas	Haus	
das		Haus	auf dem Lande
das	alte	Haus	der Großmutter
das		Haus,	das sie bauten

Der Aussagesatz

BILDUNG

Mit einem Aussagesatz wird etwas berichtet oder festgestellt.
Der Aussagesatz weist folgendes Grundschema auf:

Vorfeld	finites Verb	Mittelfeld	infinites Verb
Ich	tanze.		
Die Frau	geht	gerne ins Kino.	
Wir	werden	bald	heiraten.
Der Mann	hat	gestern ein Auto	gekauft.

Beim Aussagesatz ist das Vorfeld immer besetzt und das finite Verb steht an zweiter Position im Satz.

Gibt es in einem Satz sowohl ein finites als auch ein infinites Verb, bilden die beiden Teile des Verbs eine Satzklammer. Das infinite Verb steht am Ende des Aussagesatzes. Eine Satzklammer wird gebildet von:

- trennbaren Verben
- Modalverben + Infinitiv
- Tempusformen (Perfekt, Plusquamperfekt, Futur I und II)
- **sein** + Prädikativ
- Passiv
- Konjunktiv II (**würde**-Form)

	Vorfeld	finites Verb	Mittelfeld	infinites Verb
trennbare Verben	Am Abend	bereitet	er für sie das Essen	vor.
Modalverben + Infinitiv	Sie	muss	jetzt die Hausaufgaben	machen.
Perfekt oder Plusquamperfekt	Der Mann	hat / hatte	ein Auto	gekauft.
sein + Prädikativ	Die Äpfel	sind	jetzt	reif.
Passiv	Hier	wird	ein Einkaufs-zentrum	gebaut.
Konjunktiv II (würde-Form)	Frau Müller	würde	gerne nach Berlin	fahren.

Wenn das Prädikat aus mehr als zwei Teilen besteht, so steht jeweils nur das finite Verb an zweiter Stelle, die anderen Teile stehen nach dem Mittelfeld:

Vorfeld	finites Verb	Mittelfeld	infinites Verb
Er	hatte	ihr Rosen	mitbringen wollen.
Der Auftrag	konnte	nach zwei Monaten	abgeschlossen werden.
Die Arbeit	hätte	beinahe nicht	bewältigt werden können.

Im Nebensatz steht das finite Verb immer an der letzten Stelle:

Hauptsatz — Nebensatz

Ich brauche Handschuhe, weil es so kalt ist.

! Besteht das Prädikat jedoch aus drei oder mehr Teilen, steht bei zusammengesetzten Tempusformen das finite Verb nicht ganz am Ende:

Ich habe gehört, dass er ihr Rosen hat mitbringen wollen.

Der Fragesatz

BILDUNG

Im Deutschen unterscheidet man zwei Typen von Fragesätzen:

W-Fragen

Fragen mit Fragewort

Wovon?
Wie?
Was?
Wieso?
Wozu?
Welche?
Wodurch?
Warum?
Weshalb?
Wann?
Wer?
Wo?

Ja/Nein-Fragen

Verbfragen oder Entscheidungsfragen

W-Fragen

W-Fragen beginnen mit einem Fragewort im Vorfeld. Das finite Verb steht an zweiter Position:

Vorfeld	finites Verb	Mittelfeld	infinites Verb
Wozu	hast	du soviel	eingekauft?
Warum	schreit	er so?	
Was	soll	ich dazu schon	sagen?
Weshalb	wird	er ins Ausland	gehen?
Wie	kam	das	zustande?

W-Fragen können auch als indirekte Frage im Nebensatz stehen. Das Fragewort wird dann zur Konjunktion:

Hauptsatz → Ich wüsste gerne,

Nebensatz → wie lange das noch dauert.

Ja / Nein-Fragen

Ja / Nein-Fragen, also Verb- oder Entscheidungsfragen, beginnen mit dem finiten Verb. Das Vorfeld ist nicht besetzt:

Vorfeld	finites Verb	Mittelfeld	infinites Verb
	Kannst	du gut	schwimmen?
	Glaubst	du das wirklich?	
	Kommst	du nicht	mit?
	Wird	hier	gebaut?
	Seid	ihr schon dort?	

Ja / Nein-Fragen können auch als indirekte Frage im Nebensatz stehen. Als Fragewort wird die Konjunktion **ob** verwendet:

Hauptsatz — Nebensatz

Ich wüsste gerne, **ob** ich das Auto wirklich kaufen soll.

19 Auf einen Blick

Die fünf grammatischen Felder

Ein Satz besteht im Deutschen aus mehreren sogenannten Feldern. Es sind mindestens die Felder finites Verb und Mittelfeld vertreten. Die meisten Sätze haben außerdem ein Vorfeld und ein infinites Verb am Ende. In einigen Sätzen gibt es nach dem infiniten Verb ein Nachfeld.

Das Vorfeld

Das Vorfeld ist die erste Position des Satzes, also der Satzanfang. Dort steht ein Satzglied, das aus mehreren Wörtern bestehen kann. Häufige Satzglieder im Vorfeld sind:

- das Subjekt
- textverbindende Elemente (wie Konjunktionaladverbien)
- Kontextinformationen (temporale, kausale, modale, lokale Abgaben; ggf. auch Nebensätze)

Das Mittelfeld

Das Mittelfeld ist die Satzmitte. Die Abfolge im Mittelfeld ist nicht fest geregelt. Es lassen sich nur einige Tendenzen angeben:

- Wichtiges am Ende
- Bekanntes vor Neuem
- kurze Elemente vor längeren Elementen
- Substantiv vor Präpositionalobjekten
- Pronomen vor Substantiven
- Pronomen vor Präpositionalobjekten
- Reihenfolge der Substantive: Nominativ, Dativ, Akkusativ, Genitiv
- Reihenfolge der Pronomen: Nominativ, Akkusativ, Dativ
- Reihenfolge der Adverbialen: temporal, kausal, modal, lokal

Das Nachfeld

Im Nachfeld können umfangreiche Satzglieder stehen, vor allem Nebensätze, aber auch präzisierende Zusatzinformationen oder Vergleiche.

Der Aussagesatz

Mit einem Aussagesatz wird etwas berichtet oder festgestellt.

Beim Aussagesatz ist das Vorfeld immer besetzt und das finite Verb steht an zweiter Position im Satz.

Gibt es in einem Satz sowohl ein finites als auch ein infinites Verb, bilden die beiden Teile des Prädikats eine Satzklammer. Eine Satzklammer wird gebildet von:

- trennbaren Verben
- Modalverben + Infinitiv
- Tempusformen (Perfekt, Plusquamperfekt, Futur I und II)
- **sein** + Prädikativ
- Passiv
- Konjunktiv II (**würde**-Form)

Der Fragesatz

Im Deutschen unterscheidet man zwei Typen von Fragesätzen:

W-Fragen
Fragen mit Fragewort

W-Fragen beginnen mit einem Fragewort im Vorfeld.

Das Verb steht an zweiter Position. W-Fragen können auch als indirekte Frage im Nebensatz stehen. Das Fragewort wird dann zur Konjunktion.

Ja / Nein-Fragen
Verbfragen oder Entscheidungsfragen

Ja / Nein-Fragen beginnen mit einem finiten Verb.

Das Vorfeld ist nicht besetzt. Ja / Nein-Fragen können auch als indirekte Frage im Nebensatz stehen. Als Fragewort wird die Konjunktion **ob** verwendet.

20

Besondere Satzarten

Der Imperativsatz

Die indirekte Rede

Die Verneinung

Auf einen Blick

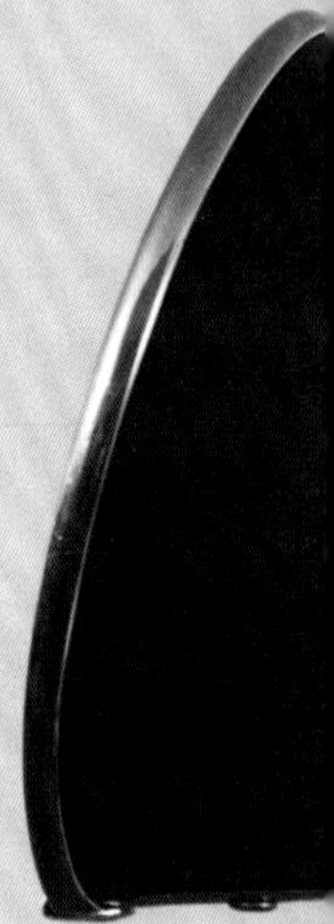

Der Imperativsatz

GEBRAUCH

Imperativsätze – auch Befehlssätze genannt – werden verwendet für …

… Aufforderungen

Mach die Tür **zu**!

… Verbote

Lass das!

… Ratschläge

Geh doch zum Arzt!

… Bitten

Setz dich bitte **hin**!

BILDUNG

Der Imperativ drückt sich durch die entsprechende Verbform aus, die bei Imperativsätzen am Satzanfang steht. Imperativformen kommen nur im Präsens vor.

Regelmäßige Formen des Imperativs

	gehen	warten	nehmen
Sie-Form	**Gehen** Sie weiter!	**Warten** Sie auf mich!	**Nehmen** Sie das hier!
Du-Form	**Geh** weiter!	**Warte** auf mich!	**Nimm** das hier!
Ihr-Form	**Geht** weiter!	**Wartet** auf mich!	**Nehmt** das hier!

Bei der Sie-Form des Imperativs wird die Infinitivform des Verbs verwendet. Sie tritt an die erste Position im Satz:

Sie gehen ⟶ **Gehen** Sie!

Bei der Du-Form und der Ihr-Form wird beim Verb das Personalpronomen weggelassen, bei der Du-Form außerdem die Personalendung:

Ihr geht ⟶ **Geht**!
Du gehst ⟶ **Geh**!

Unregelmäßige Formen des Imperativs

	fahren	essen	lesen	sein
Sie-Form	Fahren Sie los!	Essen Sie!	Lesen Sie!	Seien Sie ruhig!
Du-Form	Fahr los!	Iss!	Lies!	Sei ruhig!
Ihr-Form	Fahrt los!	Esst!	Lest!	Seid ruhig!

Bei einigen Verben wird der Imperativ unregelmäßig gebildet, indem der Umlaut in der 2. Person Singular weggelassen wird:

Du fährst → Fahr!

Auch die Verben, die in der 2. und 3. Person des Singular Präsens einen Vokalwechsel (e > i) haben, bilden den Imperativ unregelmäßig mit **-i** bzw. **-ie**:

essen → du isst → Iss!
lesen → du liest → Lies!

Ebenso bildet das Verb **sein** die Imperativform unregelmäßig: sie leitet sich vom Konjunktiv ab.

Imperativisch gebrauchte Verbformen

Neben dem eigentlichen Imperativ können auch andere Verbformen imperativisch gebraucht werden:

- Infinitiv: Bitte alle aussteigen!
- Partizip II: Still gestanden!
- 2. Person Singular: Du gehst voran!
- 2. Person Plural: Ihr nehmt bitte den Koffer!
- 1. Person Plural: Wollen wir mal schauen!

Die indirekte Rede

GEBRAUCH

Mit der indirekten Rede wird die Äußerung eines anderen Sprechers wiedergegeben. Sie wird kenntlich gemacht durch einleitende Verben wie **sagen** oder **fragen** – häufig in Verbindung mit der Konjunktion **dass** – und der Verwendung des Konjunktivs.

Bei der Umwandlung der direkten in die indirekte Rede entfallen die Anführungszeichen, Personalpronomen werden ebenso angepasst wie Angaben zu Zeit und Ort und die Verbformen werden umgeformt:

Direkte Rede	Präsens	Anna sagte: „Ich habe keine Zeit."
Indirekte Rede	Konjunktiv Präsens	Anna sagte, dass sie keine Zeit habe.
Direkte Rede	Perfekt/ Präteritum	Anna sagte: „Ich habe keine Zeit gehabt." Anna sagte: „Ich hatte keine Zeit."
Indirekte Rede	Konjunktiv Perfekt	Anna sagte, dass sie keine Zeit gehabt habe.
Direkte Rede	Futur I	Anna sagte: „Ich werde keine Zeit haben."
Indirekte Rede	Konjunktiv Futur I	Anna sagte, dass sie keine Zeit haben werde.

Wenn die Form des Konjunktiv I mit dem Indikativ übereinstimmt (z. B. in der 1. Person Singular), wird der Konjunktiv II oder eine Ersatzform mit **würde** verwendet:

Direkte Rede	Präsens	„Ich habe keine Zeit."
Indirekte Rede	Konjunktiv Präteritum oder Ersatzform mit **würde**	Ich sagte, dass ich keine Zeit hätte.

Direkte Rede	Perfekt / Präteritum	„Ich habe keine Zeit gehabt." „Ich hatte keine Zeit."
Indirekte Rede	Konjunktiv Plusquamperfekt	Ich sagte, dass ich keine Zeit gehabt hätte.

Direkte Rede	Futur I	„Ich werde keine Zeit haben."
Indirekte Rede	Ersatzform mit **würde**	Ich sagte, dass ich keine Zeit haben würde.

Auch Fragen können in der indirekten Rede stehen:

Fragen mit Fragewort	
Direkte Rede	„Wann kommt sie nach Hause?"
Indirekte Rede	Er fragt, wann sie nach Hause komme.

Verbfragen / Entscheidungsfragen	
Direkte Rede	„Kommt sie nach Hause?"
Indirekte Rede	Er fragt, ob sie nach Hause komme.

Die Verneinung

GEBRAUCH

Verneinung von ganzen Sätzen

Ganze Sätze werden im Deutschen mit **nicht** verneint, das möglichst weit am Ende des Mittelfeldes steht.

Vorfeld	finites Verb	Mittelfeld	infinites Verb
Er	liest	das Buch **nicht**.	
Er	hat	das Buch **nicht**	gelesen.

Verneinung von einzelnen Satzgliedern

Werden einzelne Satzglieder verneint, steht **nicht** vor dem Satzglied, das negiert (= verneint) wird. Dadurch wird dieses betont.

Nicht er hat seiner Tochter gestern Abend vorgelesen, sondern seine Frau.

Er hat **nicht** seiner Tochter, sondern seinem Sohn gestern Abend vorgelesen.

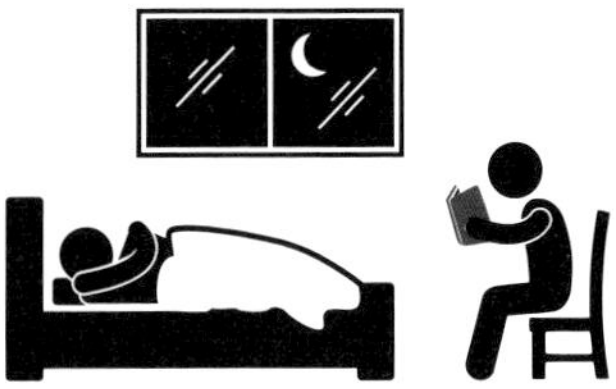

Er hat seiner Tochter **nicht** gestern Abend, sondern heute Morgen vorgelesen.

Die Negationswörter nein und kein

Mit **nein** kann entweder auf eine Entscheidungsfrage geantwortet werden oder es kann als verneinender Einwurf gebraucht werden:

Hast du schon ein Geschenk für seinen Geburtstag gekauft? – **Nein**.

Nein, das hätte ich nicht erwartet!

Die Verneinung des unbestimmten Artikels **ein** erfolgt durch **kein**. Dabei kann **kein** – anders als der Artikel – auch im Plural stehen. Auch ein Nomen, das ohne Artikel gebraucht wird, kann mit **kein** negiert werden:

Wir haben ein Auto gekauft. → Wir haben **kein** Auto gekauft.
Wir haben Äpfel gekauft. → Wir haben **keine** Äpfel gekauft.
Wir hatten Glück. → Wir hatten **kein** Glück.

Statt mit **kein** kann auch mit **nicht ein(e)** negiert werden, wodurch die Verneinung betont wird:

Wir hatten **keine** Idee, was wir ihm schenken könnten.

Wir hatten **nicht eine** Idee, was wir ihm schenken könnten.

Die Verneinung durch Pronomen und Adverbien

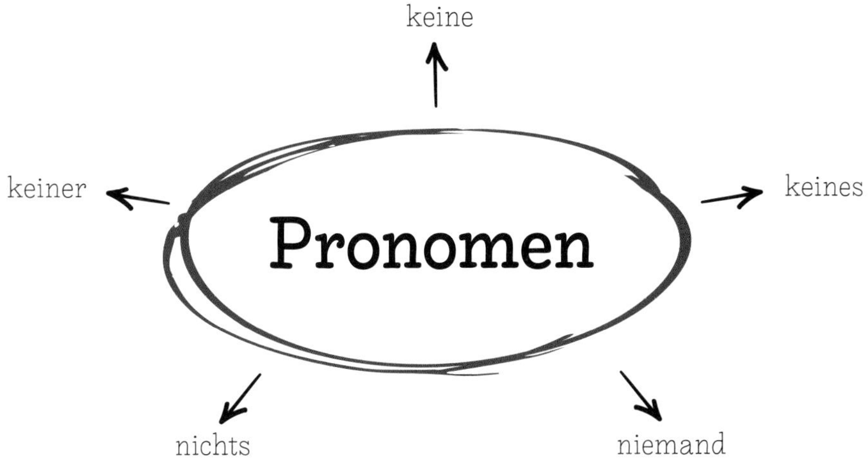

Hat jemand an das Geschenk gedacht?
– Nein, **niemand** hat an das Geschenk gedacht.

Alternativ:
– Nein, **keiner** hat an das Geschenk gedacht.

Habt ihr etwas für sie besorgt? – Nein, wir haben **nichts** für sie besorgt.

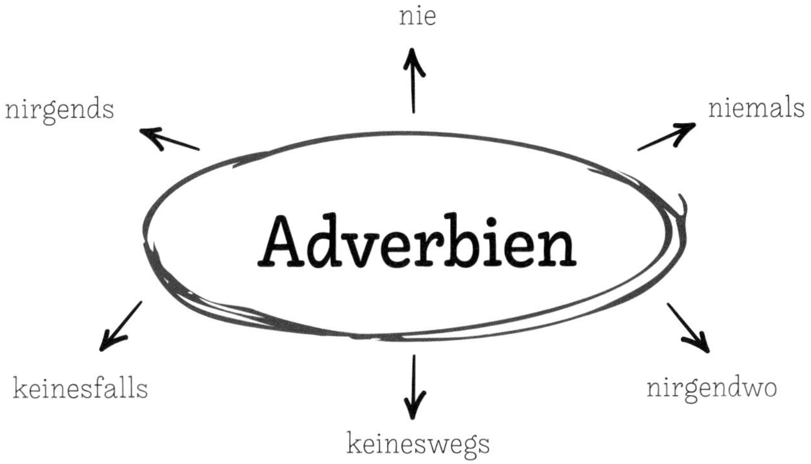

Ich habe noch **nie** / **niemals** davon gehört.
Ich kann meinen Füller **nirgends** / **nirgendwo** finden.
Ich werde das **keinesfalls** / **keineswegs** machen.

Verneinung durch Konjunktionen

Eine Verneinung kann auch durch Konjunktionen zum Ausdruck gebracht werden:

Ihr gefiel **weder** das rote Kleid **noch** das schwarze.

Er kann **weder** Englisch **noch** Spanisch sprechen.

Die Verhandlungen endeten, **ohne dass** ein Ergebnis erzielt wurde.

Er ging, **ohne dass** er den Blick noch einmal zurückwandte.

Anstatt dass er sich endlich mit seiner Mutter versöhnte, machte er ihr weiter Vorwürfe.

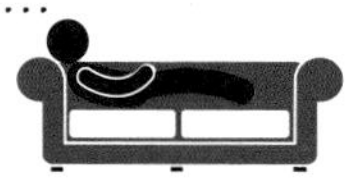

Anstatt dass er ins Kino ging, schlief er daheim auf der Couch ein.

Verneinung durch Präfixe und Suffixe

Die Präfixe **un-**, **miss-** und **in-** sowie das Suffix **-los** können ebenfalls eine Verneinung zum Ausdruck bringen:

unachtsam → nicht achtsam
unmöglich → nicht möglich

ineffizient → nicht effizient
instabil → nicht stabil

missverständlich → nicht verständlich
misstrauen → nicht trauen

arbeits**los** → ohne Arbeit
hoffnungs**los** → ohne Hoffnung

Verneinung durch Verben

Manche Verben bringen bereits durch ihre Bedeutung eine Verneinung zum Ausdruck:

verweigern
= etw. nicht tun

Er **verweigert** die Aussage.
= Er macht keine Aussage.

verzichten
= etw. nicht tun

Sie **verzichtet** auf Süßigkeiten.
= Sie isst keine Süßigkeiten.

bestreiten
= etw. nicht zugeben

Sie **bestreiten** die Tat.
= Sie geben die Tat nicht zu.

leugnen
= etw. nicht zugeben

Er **leugnet**, etwas gewusst zu haben.
= Er gibt nicht zu, etwas gewusst zu haben.

verbieten
= etw. nicht erlauben

Sie **verbietet** ihren Kindern fernzusehen.
= Sie erlaubt ihren Kindern nicht fernzusehen.

ablehnen
= etw. nicht annehmen

Er **lehnte** das großzügige Angebot ab.
= Er nahm das großzügige Angebot nicht an.

Doppelte Verneinung

Die doppelte Verneinung ist eigentlich keine Verneinung, sondern eine Bejahung. Sie setzt sich zusammen aus **nicht** und einem Wort mit negativer Bedeutung (häufig ein Wort mit dem Präfix **-un**):

Es ist **nicht unmöglich**, die Prüfung zu bestehen.
= Es ist möglich, die Prüfung zu bestehen.

Es sieht **nicht schlecht** aus.
= Es sieht gut aus.

20 Auf einen Blick

Der Imperativsatz

Imperativsätze – auch Befehlssätze genannt – werden verwendet für ...

- ... Aufforderungen
- ... Verbote
- ... Ratschläge
- ... Bitten
- ... Vorschläge

Der Imperativ drückt sich durch die entsprechende Verbform aus, die bei Imperativsätzen am Satzanfang steht. Imperativformen kommen nur im Präsens vor und es gibt regelmäßige und unregelmäßige Imperativformen. Neben dem eigentlichen Imperativ können auch andere Verbformen imperativisch gebraucht werden.

Regelmäßige Formen des Imperativs

	gehen	warten	nehmen
Sie-Form	Gehen Sie weiter!	Warten Sie auf mich!	Nehmen Sie das hier!
Du-Form	Geh weiter!	Warte auf mich!	Nimm das hier!
Ihr-Form	Geht weiter!	Wartet auf mich!	Nehmt das hier!

Unregelmäßige Formen des Imperativs

	fahren	essen	lesen	sein
Sie-Form	Fahren Sie los!	Essen Sie!	Lesen Sie!	Seien Sie ruhig!
Du-Form	Fahr los!	Iss!	Lies!	Sei ruhig!
Ihr-Form	Fahrt los!	Esst!	Lest!	Seid ruhig!

Die indirekte Rede

Mit der indirekten Rede wird die Äußerung eines anderen Sprechers wiedergegeben. Sie wird kenntlich gemacht durch einleitende Verben wie **sagen** oder **fragen** – häufig in Verbindung mit der Konjunktion **dass** – und der Verwendung des Konjunktivs.

Bei der Umwandlung der direkten in die indirekte Rede entfallen die Anführungszeichen, Personalpronomen werden ebenso angepasst wie Angaben zu Zeit und Ort und die Verbformen werden umgeformt.

Direkte Rede	Indirekte Rede
Präsens	Konjunktiv Präsens
Perfekt / Präteritum	Konjunktiv Perfekt
Futur I	Konjunktiv Futur I

Wenn die Form des Konjunktiv I mit dem Indikativ übereinstimmt (z. B. in der 1. Person Singular), wird der Konjunktiv II oder eine Ersatzform mit **würde** verwendet.

Die Verneinung

Im Deutschen gibt es die Verneinung ...

- ... von ganzen Sätzen
- ... von einzelnen Satzgliedern
- ... durch die Negationswörter **nein** und **kein**
- ... durch Pronomen und Adverbien
- ... durch Konjunktionen
- ... durch Präfixe und Suffixe
- ... durch Verben
- ... sowie die doppelte Verneinung.

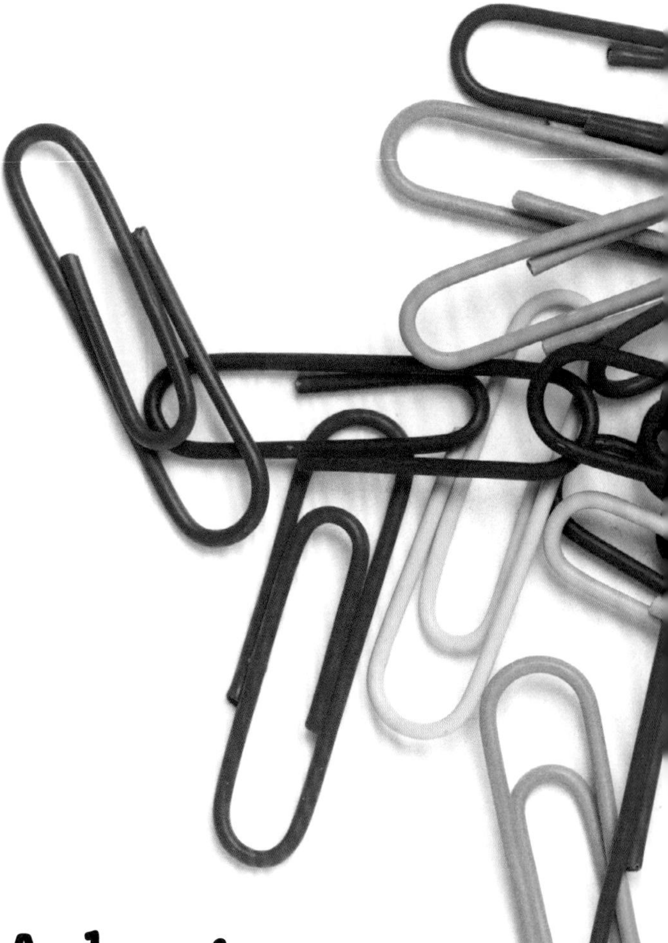

Anhang

Unregelmäßige Verben

Musterkonjugationen

Verben mit Präpositionen

Die Zeichensetzung

Grundbegriffe der Grammatik

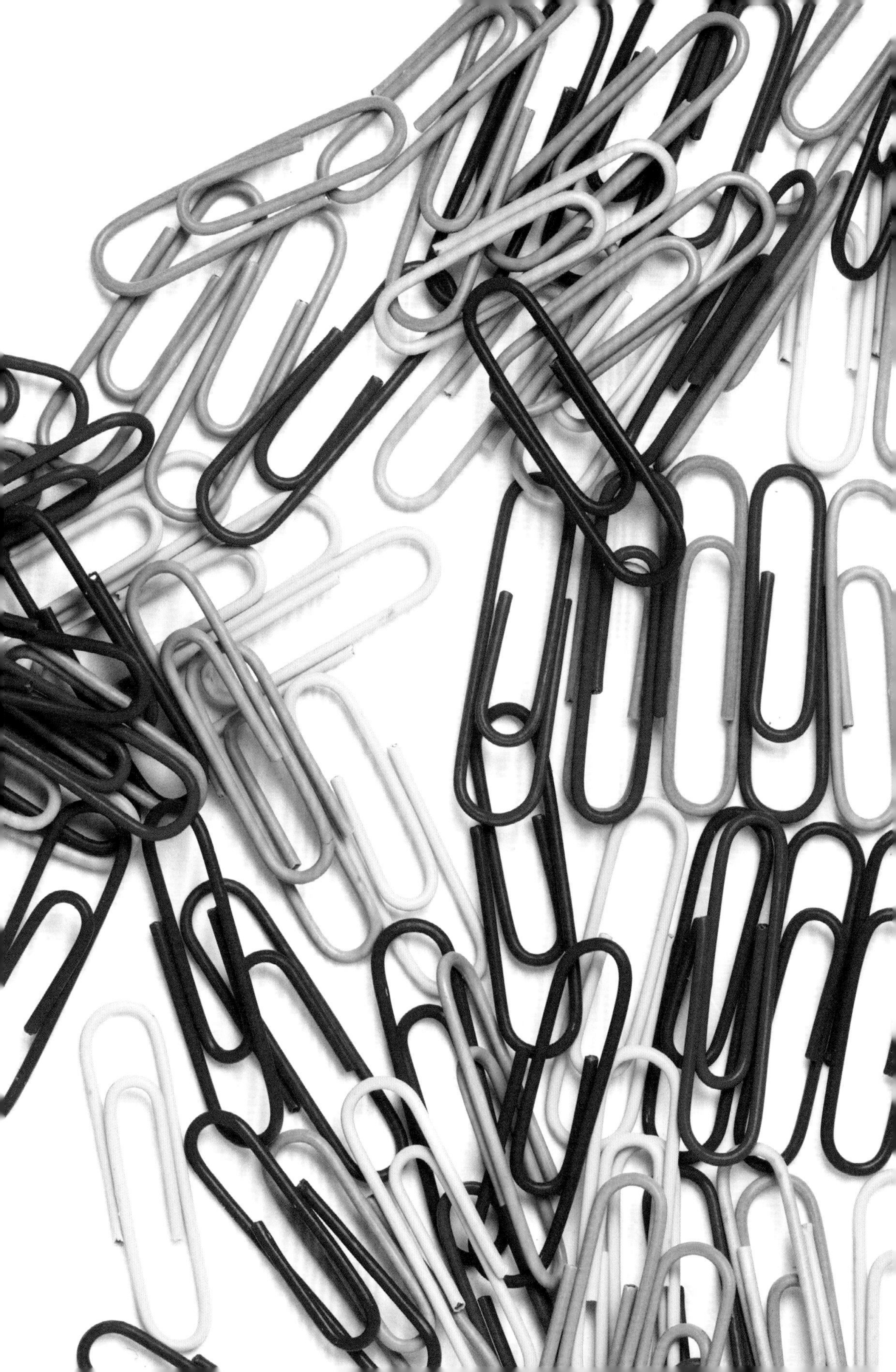

Unregelmäßige Verben

Infinitiv	Präteritum	Partizip II
backen	backte/buk	gebacken
befehlen	befahl	befohlen
beginnen	begann	begonnen
beißen	biss	gebissen
betrügen	betrog	betrogen
biegen	bog	gebogen
bieten	bot	geboten
binden	band	gebunden
bitten	bat	gebeten
blasen	blies	geblasen
bleiben	blieb	geblieben
braten	briet	gebraten
brechen	brach	gebrochen
brennen	brannte	gebrannt
bringen	brachte	gebracht
denken	dachte	gedacht
dringen	drang	gedrungen
dürfen	durfte	gedurft
empfangen	empfing	empfangen
empfehlen	empfahl	empfohlen
empfinden	empfand	empfunden
erlöschen	erlosch	erloschen
erschrecken	erschrak	erschrocken
erwägen	erwog	erwogen
essen	aß	gegessen
fahren	fuhr	gefahren
fallen	fiel	gefallen
fangen	fing	gefangen
finden	fand	gefunden
fliegen	flog	geflogen
fliehen	floh	geflohen
fließen	floss	geflossen
fressen	fraß	gefressen
frieren	fror	gefroren

Infinitiv	Präteritum	Partizip II
geben	gab	gegeben
gehen	ging	gegangen
gelingen	gelang	gelungen
gelten	galt	gegolten
genesen	genas	genesen
genießen	genoss	genossen
geraten	geriet	geraten
geschehen	geschah	geschehen
gewinnen	gewann	gewonnen
gießen	goss	gegossen
gleiten	glitt	geglitten
graben	grub	gegraben
greifen	griff	gegriffen
haben	hatte	gehabt
halten	hielt	gehalten
hängen	hing	gehangen
hauen	haute	gehauen
heben	hob	gehoben
heißen	hieß	geheißen
helfen	half	geholfen
kennen	kannte	gekannt
klingen	klang	geklungen
kneifen	kniff	gekniffen
kommen	kam	gekommen
können	konnte	gekonnt
kriechen	kroch	gekrochen
laden	lud	geladen
lassen	ließ	gelassen
laufen	lief	gelaufen
leiden	litt	gelitten
leihen	lieh	geliehen
lesen	las	gelesen
liegen	lag	gelegen
lügen	log	gelogen
meiden	mied	gemieden
messen	maß	gemessen
misslingen	misslang	misslungen

Infinitiv	Präteritum	Partizip II
mögen	mochte	gemocht
müssen	musste	gemusst
nehmen	nahm	genommen
nennen	nannte	genannt
pfeifen	pfiff	gepfiffen
preisen	pries	gepriesen
quellen	quoll	gequollen
raten	riet	geraten
reiben	rieb	gerieben
reißen	riss	gerissen
reiten	ritt	geritten
rennen	rannte	gerannt
riechen	roch	gerochen
rinnen	rann	geronnen
rufen	rief	gerufen
schaffen	schuf	geschaffen
scheiden	schied	geschieden
scheinen	schien	geschienen
schieben	schob	geschoben
schießen	schoss	geschossen
schlafen	schlief	geschlafen
schlagen	schlug	geschlagen
schleichen	schlich	geschlichen
schleifen	schliff	geschliffen
schließen	schloss	geschlossen
schlingen	schlang	geschlungen
schmeißen	schmiss	geschmissen
schmelzen	schmolz	geschmolzen
schneiden	schnitt	geschnitten
schreiben	schrieb	geschrieben
schreien	schrie	geschrien
schreiten	schritt	geschritten
schweigen	schwieg	geschwiegen
schwimmen	schwamm	geschwommen
schwinden	schwand	geschwunden
schwingen	schwang	geschwungen

Infinitiv	Präteritum	Partizip II
schwören	schwor	geschworen
sehen	sah	gesehen
sein	war	gewesen
senden	sandte	gesandt
singen	sang	gesungen
sinken	sank	gesunken
sitzen	saß	gesessen
sollen	sollte	gesollt
sprechen	sprach	gesprochen
springen	sprang	gesprungen
stechen	stach	gestochen
stehen	stand	gestanden
stehlen	stahl	gestohlen
steigen	stieg	gestiegen
sterben	starb	gestorben
stinken	stank	gestunken
streichen	strich	gestrichen
streiten	stritt	gestritten
tragen	trug	getragen
treffen	traf	getroffen
treiben	trieb	getrieben
treten	trat	getreten
trinken	trank	getrunken
tun	tat	getan
vergessen	vergaß	vergessen
verlieren	verlor	verloren
wachsen	wuchs	gewachsen
waschen	wusch	gewaschen
werben	warb	geworben
werden	wurde	geworden
werfen	warf	geworfen
wiegen	wog	gewogen
wissen	wusste	gewusst
wollen	wollte	gewollt
ziehen	zog	gezogen
zwingen	zwang	gezwungen

Musterkonjugationen

Hilfsverb: sein

Indikativ

	Präsens	Präteritum
ich	bin	war
du	bist	warst
er/sie/es	ist	war
wir	sind	waren
ihr	seid	wart
sie/Sie	sind	waren

	Perfekt	Plusquamperfekt
ich	bin gewesen	war gewesen
du	bist gewesen	warst gewesen
er/sie/es	ist gewesen	war gewesen
wir	sind gewesen	waren gewesen
ihr	seid gewesen	wart gewesen
sie/Sie	sind gewesen	waren gewesen

	Futur I	Futur II
ich	werde sein	werde gewesen sein
du	wirst sein	wirst gewesen sein
er/sie/es	wird sein	wird gewesen sein
wir	werden sein	werden gewesen sein
ihr	werdet sein	werdet gewesen sein
sie/Sie	werden sein	werden gewesen sein

Imperativ

sei • seien wir • seid • seien Sie

	Konjunktiv	
	Konjunktiv I	**Konjunktiv II**
ich	sei	wäre
du	sei(e)st	wär(e)st
er / sie / es	sei	wäre
wir	seien	wären
ihr	sei(e)t	wär(e)t
sie / Sie	seien	wären
	Perfekt	**Plusquamperfekt**
ich	sei gewesen	wäre gewesen
du	sei(e)st gewesen	wär(e)st gewesen
er / sie / es	sei gewesen	wäre gewesen
wir	seien gewesen	wären gewesen
ihr	sei(e)t gewesen	wär(e)t gewesen
sie / Sie	seien gewesen	wären gewesen
	Futur I	**Futur II**
ich	werde sein	werde gewesen sein
du	werdest sein	werdest gewesen sein
er / sie / es	werde sein	werde gewesen sein
wir	werden sein	werden gewesen sein
ihr	werdet sein	werdet gewesen sein
sie / Sie	werden sein	werden gewesen sein

Infinitiv	Partizip	
Perfekt	**Partizip I**	**Partizip II**
gewesen sein	seiend	gewesen

Hilfsverb: haben

	Indikativ	
	Präsens	**Präteritum**
ich	habe	hatte
du	hast	hattest
er/sie/es	hat	hatte
wir	haben	hatten
ihr	habt	hattet
sie/Sie	haben	hatten
	Perfekt	**Plusquamperfekt**
ich	habe gehabt	hatte gehabt
du	hast gehabt	hattest gehabt
er/sie/es	hat gehabt	hatte gehabt
wir	haben gehabt	hatten gehabt
ihr	habt gehabt	hattet gehabt
sie/Sie	haben gehabt	hatten gehabt
	Futur I	**Futur II**
ich	werde haben	werde gehabt haben
du	wirst haben	wirst gehabt haben
er/sie/es	wird haben	wird gehabt haben
wir	werden haben	werden gehabt haben
ihr	werdet haben	werdet gehabt haben
sie/Sie	werden haben	werden gehabt haben

Imperativ
hab(e) • haben wir • habt • haben Sie

	Konjunktiv	
	Konjunktiv I	**Konjunktiv II**
ich	habe	hätte
du	habest	hättest
er / sie / es	habe	hätte
wir	haben	hätten
ihr	habet	hättet
sie / Sie	haben	hätten
	Perfekt	**Plusquamperfekt**
ich	habe gehabt	hätte gehabt
du	habest gehabt	hättest gehabt
er / sie / es	habe gehabt	hätte gehabt
wir	haben gehabt	hätten gehabt
ihr	habet gehabt	hättet gehabt
sie / Sie	haben gehabt	hätten gehabt
	Futur I	**Futur II**
ich	werde haben	werde gehabt haben
du	werdest haben	werdest gehabt haben
er / sie / es	werde haben	werde gehabt haben
wir	werden haben	werden gehabt haben
ihr	werdet haben	werdet gehabt haben
sie / Sie	werden haben	werden gehabt haben

Infinitiv	Partizip	
Perfekt	**Partizip I**	**Partizip II**
gehabt haben	habend	gehabt

Hilfsverb: werden

	Indikativ	
	Präsens	**Präteritum**
ich	werde	wurde
du	wirst	wurdest
er/sie/es	wird	wurde
wir	werden	wurden
ihr	werdet	wurdet
sie/Sie	werden	wurden
	Perfekt	**Plusquamperfekt**
ich	bin geworden	war geworden
du	bist geworden	warst geworden
er/sie/es	ist geworden	war geworden
wir	sind geworden	waren geworden
ihr	seid geworden	wart geworden
sie/Sie	sind geworden	waren geworden
	Futur I	**Futur II**
ich	werde werden	werde geworden sein
du	wirst werden	wirst geworden sein
er/sie/es	wird werden	wird geworden sein
wir	werden werden	werden geworden sein
ihr	werdet werden	werdet geworden sein
sie/Sie	werden werden	werden geworden sein

Imperativ

werde • werden wir • werdet • werden Sie

	Konjunktiv	
	Konjunktiv I	**Konjunktiv II**
ich	werde	würde
du	werdest	würdest
er/sie/es	werde	würde
wir	werden	würden
ihr	werdet	würdet
sie/Sie	werden	würden
	Perfekt	**Plusquamperfekt**
ich	sei geworden	wäre geworden
du	sei(e)st geworden	wär(e)st geworden
er/sie/es	sei geworden	wäre geworden
wir	seien geworden	wären geworden
ihr	sei(e)t geworden	wär(e)t geworden
sie/Sie	seien geworden	wären geworden
	Futur I	**Futur II**
ich	werde werden	werde geworden sein
du	werdest werden	wirst geworden sein
er/sie/es	werde werden	wird geworden sein
wir	werden werden	werden geworden sein
ihr	werdet werden	werdet geworden sein
sie/Sie	werden werden	werden geworden sein

Infinitiv	Partizip	
Perfekt	**Partizip I**	**Partizip II**
geworden sein	werdend	worden/gewesen

Regelmäßige Verben: lieben

Indikativ

	Präsens	Präteritum
ich	liebe	liebte
du	liebst	liebtest
er/sie/es	liebt	liebte
wir	lieben	liebten
ihr	liebt	liebtet
sie/Sie	lieben	liebten

	Perfekt	Plusquamperfekt
ich	habe geliebt	hatte geliebt
du	hast geliebt	hattest geliebt
er/sie/es	hat geliebt	hatte geliebt
wir	haben geliebt	hatten geliebt
ihr	habt geliebt	hattet geliebt
sie/Sie	haben geliebt	hatten geliebt

	Futur I	Futur II
ich	werde lieben	werde geliebt haben
du	wirst lieben	wirst geliebt haben
er/sie/es	wird lieben	wird geliebt haben
wir	werden lieben	werden geliebt haben
ihr	werdet lieben	werdet geliebt haben
sie/Sie	werden lieben	werden geliebt haben

Imperativ

lieb(e) • lieben wir • liebt • lieben Sie

	Konjunktiv	
	Konjunktiv I	**Konjunktiv II**
ich	liebe	liebte
du	liebest	liebtest
er/sie/es	liebe	liebte
wir	lieben	liebten
ihr	liebet	liebtet
sie/Sie	lieben	liebten
	Perfekt	**Plusquamperfekt**
ich	habe geliebt	hätte geliebt
du	habest geliebt	hättest geliebt
er/sie/es	habe geliebt	hätte geliebt
wir	haben geliebt	hätten geliebt
ihr	habet geliebt	hättet geliebt
sie/Sie	haben geliebt	hätten geliebt
	Futur I	**Futur II**
ich	werde lieben	werde geliebt haben
du	werdest lieben	werdest geliebt haben
er/sie/es	werde lieben	werde geliebt haben
wir	werden lieben	werden geliebt haben
ihr	werdet lieben	werdet geliebt haben
sie/Sie	werden lieben	werden geliebt haben

Infinitiv	Partizip	
Perfekt	**Partizip I**	**Partizip II**
geliebt haben	liebend	geliebt

Unregelmäßige Verben: nehmen

Stammvokalwechsel e → a → o

Indikativ

	Präsens	Präteritum
ich	nehme	nahm
du	nimmst	nahmst
er/sie/es	nimmt	nahm
wir	nehmen	nahmen
ihr	nehmt	nahmt
sie/Sie	nehmen	nahmen

	Perfekt	Plusquamperfekt
ich	habe genommen	hatte genommen
du	hast genommen	hattest genommen
er/sie/es	hat genommen	hatte genommen
wir	haben genommen	hatten genommen
ihr	habt genommen	hattet genommen
sie/Sie	haben genommen	hatten genommen

	Futur I	Futur II
ich	werde nehmen	werde genommen haben
du	wirst nehmen	wirst genommen haben
er/sie/es	wird nehmen	wird genommen haben
wir	werden nehmen	werden genommen haben
ihr	werdet nehmen	werdet genommen haben
sie/Sie	werden nehmen	werden genommen haben

Imperativ

nimm • nehmen wir • nehmt • nehmen Sie

	Konjunktiv	
	Konjunktiv I	**Konjunktiv II**
ich	nehme	nähme
du	nehmest	nähmest
er/sie/es	nehme	nähme
wir	nehmen	nähmen
ihr	nehmet	nähmet
sie/Sie	nehmen	nähmen
	Perfekt	**Plusquamperfekt**
ich	habe genommen	hätte genommen
du	habest genommen	hättest genommen
er/sie/es	habe genommen	hätte genommen
wir	haben genommen	hätten genommen
ihr	habet genommen	hättet genommen
sie/Sie	haben genommen	hätten genommen
	Futur I	**Futur II**
ich	werde nehmen	werde genommen haben
du	werdest nehmen	werdest genommen haben
er/sie/es	werde nehmen	werde genommen haben
wir	werden nehmen	werden genommen haben
ihr	werdet nehmen	werdet genommen haben
sie/Sie	werden nehmen	werden genommen haben

Infinitiv	Partizip	
Perfekt	**Partizip I**	**Partizip II**
genommen haben	nehmend	genommen

Unregelmäßige Verben: denken

Stammvokalwechsel e → a → a

Indikativ

	Präsens	Präteritum
ich	denke	dachte
du	denkst	dachtest
er/sie/es	denkt	dachte
wir	denken	dachten
ihr	denkt	dachtet
sie/Sie	denken	dachten

	Perfekt	Plusquamperfekt
ich	habe gedacht	hatte gedacht
du	hast gedacht	hattest gedacht
er/sie/es	hat gedacht	hatte gedacht
wir	haben gedacht	hatten gedacht
ihr	habt gedacht	hattet gedacht
sie/Sie	haben gedacht	hatten gedacht

	Futur I	Futur II
ich	werde denken	werde gedacht haben
du	wirst denken	wirst gedacht haben
er/sie/es	wird denken	wird gedacht haben
wir	werden denken	werden gedacht haben
ihr	werdet denken	werdet gedacht haben
sie/Sie	werden denken	werden gedacht haben

Imperativ

denk(e) • denken wir • denkt • denken Sie

	Konjunktiv	
	Konjunktiv I	**Konjunktiv II**
ich	denke	dächte
du	denkest	dächtest
er/sie/es	denke	dächte
wir	denken	dächten
ihr	denket	dächtet
sie/Sie	denken	dächten
	Perfekt	**Plusquamperfekt**
ich	habe gedacht	hätte gedacht
du	habest gedacht	hättest gedacht
er/sie/es	habe gedacht	hätte gedacht
wir	haben gedacht	hätten gedacht
ihr	habet gedacht	hättet gedacht
sie/Sie	haben gedacht	hätten gedacht
	Futur I	**Futur II**
ich	werde denken	werde gedacht haben
du	werdest denken	werdest gedacht haben
er/sie/es	werde denken	werde gedacht haben
wir	werden denken	werden gedacht haben
ihr	werdet denken	werdet gedacht haben
sie/Sie	werden denken	werden gedacht haben

Infinitiv	Partizip	
Perfekt	**Partizip I**	**Partizip II**
gedacht haben	denkend	gedacht

Unregelmäßige Verben: essen

Stammvokalwechsel e → a → e

	Indikativ	
	Präsens	**Präteritum**
ich	esse	aß
du	isst	aßest
er/sie/es	isst	aß
wir	essen	aßen
ihr	esst	aß(e)t
sie/Sie	essen	aßen
	Perfekt	**Plusquamperfekt**
ich	habe gegessen	hatte gegessen
du	hast gegessen	hattest gegessen
er/sie/es	hat gegessen	hatte gegessen
wir	haben gegessen	hatten gegessen
ihr	habt gegessen	hattet gegessen
sie/Sie	haben gegessen	hatten gegessen
	Futur I	**Futur II**
ich	werde essen	werde gegessen haben
du	wirst essen	wirst gegessen haben
er/sie/es	wird essen	wird gegessen haben
wir	werden essen	werden gegessen haben
ihr	werdet essen	werdet gegessen haben
sie/Sie	werden essen	werden gegessen haben

Imperativ

iss • essen wir • esset • essen Sie

	Konjunktiv	
	Konjunktiv I	**Konjunktiv II**
ich	esse	äße
du	essest	äßest
er/sie/es	esse	äße
wir	essen	äßen
ihr	esset	äßet
sie/Sie	essen	äßen
	Perfekt	**Plusquamperfekt**
ich	habe gegessen	hätte gegessen
du	habest gegessen	hättest gegessen
er/sie/es	habe gegessen	hätte gegessen
wir	haben gegessen	hätten gegessen
ihr	habet gegessen	hättet gegessen
sie/Sie	haben gegessen	hätten gegessen
	Futur I	**Futur II**
ich	werde essen	werde gegessen haben
du	werdest essen	werdest gegessen haben
er/sie/es	werde essen	werde gegessen haben
wir	werden essen	werden gegessen haben
ihr	werdet essen	werdet gegessen haben
sie/Sie	werden essen	werden gegessen haben

Infinitiv	Partizip	
Perfekt	**Partizip I**	**Partizip II**
gegessen haben	essend	gegessen

Modalverb: dürfen

Indikativ

	Präsens	Präteritum
ich	darf	durfte
du	darfst	durftest
er/sie/es	darf	durfte
wir	dürfen	durften
ihr	dürft	durftet
sie/Sie	dürfen	durften

	Perfekt	Plusquamperfekt
ich	habe gedurft	hatte gedurft
du	hast gedurft	hattest gedurft
er/sie/es	hat gedurft	hatte gedurft
wir	haben gedurft	hatten gedurft
ihr	habt gedurft	hattet gedurft
sie/Sie	haben gedurft	hatten gedurft

	Futur I	Futur II
ich	werde dürfen	werde gedurft haben
du	wirst dürfen	wirst gedurft haben
er/sie/es	wird dürfen	wird gedurft haben
wir	werden dürfen	werden gedurft haben
ihr	werdet dürfen	werdet gedurft haben
sie/Sie	werden dürfen	werden gedurft haben

Imperativ

–

	Konjunktiv	
	Konjunktiv I	**Konjunktiv II**
ich	dürfe	dürfte
du	dürfest	dürftest
er/sie/es	dürfe	dürfte
wir	dürfen	dürften
ihr	dürfet	dürftet
sie/Sie	dürfen	dürften
	Perfekt	**Plusquamperfekt**
ich	habe gedurft	hätte gedurft
du	habest gedurft	hättest gedurft
er/sie/es	habe gedurft	hätte gedurft
wir	haben gedurft	hätten gedurft
ihr	habet gedurft	hättet gedurft
sie/Sie	haben gedurft	hätten gedurft
	Futur I	**Futur II**
ich	werde dürfen	werde gedurft haben
du	werdest dürfen	werdest gedurft haben
er/sie/es	werde dürfen	werde gedurft haben
wir	werden dürfen	werden gedurft haben
ihr	werdet dürfen	werdet gedurft haben
sie/Sie	werden dürfen	werden gedurft haben

Infinitiv	Partizip	
Perfekt	**Partizip I**	**Partizip II**
gedurft haben	dürfend	gedurft

Verb mit trennbarem Präfix: aufhören

Indikativ

	Präsens	Präteritum
ich	höre auf	hörte auf
du	hörst auf	hörtest auf
er/sie/es	hört auf	hörte auf
wir	hören auf	hörten auf
ihr	hört auf	hörtet auf
sie/Sie	hören auf	hörten auf

	Perfekt	Plusquamperfekt
ich	habe aufgehört	hatte aufgehört
du	hast aufgehört	hattest aufgehört
er/sie/es	hat aufgehört	hatte aufgehört
wir	haben aufgehört	hatten aufgehört
ihr	habt aufgehört	hattet aufgehört
sie/Sie	haben aufgehört	hatten aufgehört

	Futur I	Futur II
ich	werde aufhören	werde aufgehört haben
du	wirst aufhören	wirst aufgehört haben
er/sie/es	wird aufhören	wird aufgehört haben
wir	werden aufhören	werden aufgehört haben
ihr	werdet aufhören	werdet aufgehört haben
sie/Sie	werden aufhören	werden aufgehört haben

Imperativ

hör auf • hören wir auf • hört auf • hören Sie auf

	Konjunktiv	
	Konjunktiv I	**Konjunktiv II**
ich	höre auf	hörte auf
du	hörest auf	hörtest auf
er/sie/es	höre auf	hörte auf
wir	hören auf	hörten auf
ihr	höret auf	hörtet auf
sie/Sie	hören auf	hörten auf
	Perfekt	**Plusquamperfekt**
ich	habe aufgehört	hätte aufgehört
du	habest aufgehört	hättest aufgehört
er/sie/es	habe aufgehört	hätte aufgehört
wir	haben aufgehört	hätten aufgehört
ihr	habet aufgehört	hättet aufgehört
sie/Sie	haben aufgehört	hätten aufgehört
	Futur I	**Futur II**
ich	werde aufhören	werde aufgehört haben
du	werdest aufhören	werdest aufgehört haben
er/sie/es	werde aufhören	werde aufgehört haben
wir	werden aufhören	werden aufgehört haben
ihr	werdet aufhören	werdet aufgehört haben
sie/Sie	werden aufhören	werden aufgehört haben

Infinitiv	Partizip	
Perfekt	**Partizip I**	**Partizip II**
aufgehört haben	aufhörend	aufgehört

Reflexivpronomen im Akkusativ: sich ausruhen

Indikativ

	Präsens	Präteritum
ich	ruhe mich aus	ruhte mich aus
du	ruhst dich aus	ruhtest dich aus
er/sie/es	ruht sich aus	ruhte sich aus
wir	ruhen uns aus	ruhten uns aus
ihr	ruht euch aus	ruhtet euch aus
sie/Sie	ruhen sich aus	ruhten sich aus

	Perfekt	Plusquamperfekt
ich	habe mich ausgeruht	hatte mich ausgeruht
du	hast dich ausgeruht	hattest dich ausgeruht
er/sie/es	hat sich ausgeruht	hatte sich ausgeruht
wir	haben uns ausgeruht	hatten uns ausgeruht
ihr	habt euch ausgeruht	hattet euch ausgeruht
sie/Sie	haben sich ausgeruht	hatten sich ausgeruht

	Futur I	Futur II
ich	werde mich ausruhen	werde mich ausgeruht haben
du	wirst dich ausruhen	wirst dich ausgeruht haben
er/sie/es	wird sich ausruhen	wird sich ausgeruht haben
wir	werden uns ausruhen	werden uns ausgeruht haben
ihr	werdet euch ausruhen	werdet euch ausgeruht haben
sie/Sie	werden sich ausruhen	werden sich ausgeruht haben

Imperativ

ruh dich aus • ruhen wir uns aus • ruht euch aus • ruhen Sie sich aus

	Konjunktiv	
	Konjunktiv I	**Konjunktiv II**
ich	ruhe mich aus	ruhte mich aus
du	ruhest dich aus	ruhtest dich aus
er/sie/es	ruhet sich aus	ruhte sich aus
wir	ruhen uns aus	ruhten uns aus
ihr	ruhet euch aus	ruhtet euch aus
sie/Sie	ruhen sich aus	ruhten sich aus
	Perfekt	**Plusquamperfekt**
ich	habe mich ausgeruht	hätte mich ausgeruht
du	habest dich ausgeruht	hättest dich ausgeruht
er/sie/es	habe sich ausgeruht	hätte sich ausgeruht
wir	haben uns ausgeruht	hätten uns ausgeruht
ihr	habet euch ausgeruht	hättet euch ausgeruht
sie/Sie	haben sich ausgeruht	hätten sich ausgeruht
	Futur I	**Futur II**
ich	werde mich ausruhen	werde mich ausgeruht haben
du	werdest dich ausruhen	werdest dich ausgeruht haben
er/sie/es	werde sich ausruhen	werde sich ausgeruht haben
wir	werden uns ausruhen	werden uns ausgeruht haben
ihr	werdet euch ausruhen	werdet euch ausgeruht haben
sie/Sie	werden sich ausruhen	werden sich ausgeruht haben

Infinitiv	Partizip	
Perfekt	**Partizip I**	**Partizip II**
sich ausgeruht haben	sich ausruhend	sich ausgeruht

Reflexivpronomen im Dativ: sich aneignen

Indikativ

	Präsens	Präteritum
ich	eigne mir an	eignete mir an
du	eignest dir an	eignetest dir an
er/sie/es	eignet sich an	eignete sich an
wir	eignen uns an	eigneten uns an
ihr	eignet euch an	eignetet euch an
sie/Sie	eignen sich an	eigneten sich an

	Perfekt	Plusquamperfekt
ich	habe mir angeeignet	hatte mir angeeignet
du	hast dir angeeignet	hattest dir angeeignet
er/sie/es	hat sich angeeignet	hatte sich angeeignet
wir	haben uns angeeignet	hatten uns angeeignet
ihr	habt euch angeeignet	hattet euch angeeignet
sie/Sie	haben sich angeeignet	hatten sich angeeignet

	Futur I	Futur II
ich	werde mir aneignen	werde mir angeeignet haben
du	wirst dir aneignen	wirst dir angeeignet haben
er/sie/es	wird sich aneignen	wird sich angeeignet haben
wir	werden uns aneignen	werden uns angeeignet haben
ihr	werdet euch aneignen	werdet euch angeeignet haben
sie/Sie	werden sich aneignen	werden sich angeeignet haben

Imperativ

eigne dir an • eignen wir uns an • eignet euch an • eignen Sie sich an

	Konjunktiv	
	Konjunktiv I	**Konjunktiv II**
ich	eigne mir an	eignete mir an
du	eignest dir an	eignetest dir an
er/sie/es	eigne sich an	eignete sich an
wir	eignen uns an	eigneten uns an
ihr	eignet euch an	eignetet euch an
sie/Sie	eignen sich an	eigneten sich an
	Perfekt	**Plusquamperfekt**
ich	habe mir angeeignet	hätte mir angeeignet
du	habest dir angeeignet	hättest dir angeeignet
er/sie/es	habe sich angeeignet	hätte sich angeeignet
wir	haben uns angeeignet	hätten uns angeeignet
ihr	habet euch angeeignet	hättet euch angeeignet
sie/Sie	haben sich angeeignet	hätten sich angeeignet
	Futur I	**Futur II**
ich	werde mir aneignen	werde mir angeeignet haben
du	werdest dir aneignen	werdest dir angeeignet haben
er/sie/es	werde sich aneignen	werde sich angeeignet haben
wir	werden uns aneignen	werden uns angeeignet haben
ihr	werdet euch aneignen	werdet euch angeeignet haben
sie/Sie	werden sich aneignen	werden sich angeeignet haben

Infinitiv	Partizip	
Perfekt	**Partizip I**	**Partizip II**
sich angeeignet haben	sich aneignend	sich angeeignet

Vorgangspassiv: gebraucht werden

Indikativ

	Präsens	Präteritum
ich	werde gebraucht	wurde gebraucht
du	wirst gebraucht	wurdest gebraucht
er/sie/es	wird gebraucht	wurde gebraucht
wir	werden gebraucht	wurden gebraucht
ihr	werdet gebraucht	wurdet gebraucht
sie/Sie	werden gebraucht	wurden gebraucht

	Perfekt	Plusquamperfekt
ich	bin gebraucht worden	war gebraucht worden
du	bist gebraucht worden	warst gebraucht worden
er/sie/es	ist gebraucht worden	war gebraucht worden
wir	sind gebraucht worden	waren gebraucht worden
ihr	seid gebraucht worden	wart gebraucht worden
sie/Sie	sind gebraucht worden	waren gebraucht worden

	Futur I	Futur II
ich	werde gebraucht werden	werde gebraucht worden sein
du	wirst gebraucht werden	wirst gebraucht worden sein
er/sie/es	wird gebraucht werden	wird gebraucht worden sein
wir	werden gebraucht werden	werden gebraucht worden sein
ihr	werdet gebraucht werden	werdet gebraucht worden sein
sie/Sie	werden gebraucht werden	werden gebraucht worden sein

Imperativ

–

	Konjunktiv	
	Konjunktiv I	**Konjunktiv II**
ich	werde gebraucht	würde gebraucht
du	werdest gebraucht	würdest gebraucht
er/sie/es	werde gebraucht	würde gebraucht
wir	werden gebraucht	würden gebraucht
ihr	werdet gebraucht	würdet gebraucht
sie/Sie	werden gebraucht	würden gebraucht
	Perfekt	**Plusquamperfekt**
ich	sei gebraucht worden	wäre gebraucht worden
du	sei(e)st gebraucht worden	wär(e)st gebraucht worden
er/sie/es	sei gebraucht worden	wäre gebraucht worden
wir	seien gebraucht worden	wären gebraucht worden
ihr	sei(e)t gebraucht worden	wär(e)t gebraucht worden
sie/Sie	seien gebraucht worden	wären gebraucht worden
	Futur I	**Futur II**
ich	werde gebraucht werden	werde gebraucht worden sein
du	werdest gebraucht werden	werdest gebraucht worden sein
er/sie/es	werde gebraucht werden	werde gebraucht worden sein
wir	werden gebraucht werden	werden gebraucht worden sein
ihr	werdet gebraucht werden	werdet gebraucht worden sein
sie/Sie	werden gebraucht werden	werden gebraucht worden sein

Infinitiv	Partizip	
Perfekt	**Partizip I**	**Partizip II**
gebraucht worden sein	gebraucht werdend	gebraucht worden

Zustandspassiv: verletzt sein

Indikativ

	Präsens	Präteritum
ich	bin verletzt	war verletzt
du	bist verletzt	warst verletzt
er/sie/es	ist verletzt	war verletzt
wir	sind verletzt	waren verletzt
ihr	seid verletzt	wart verletzt
sie/Sie	sind verletzt	waren verletzt

	Perfekt	Plusquamperfekt
ich	bin verletzt gewesen	war verletzt gewesen
du	bist verletzt gewesen	warst verletzt gewesen
er/sie/es	ist verletzt gewesen	war verletzt gewesen
wir	sind verletzt gewesen	waren verletzt gewesen
ihr	seid verletzt gewesen	wart verletzt gewesen
sie/Sie	sind verletzt gewesen	waren verletzt gewesen

	Futur I	Futur II
ich	werde verletzt sein	werde verletzt gewesen sein
du	wirst verletzt sein	wirst verletzt gewesen sein
er/sie/es	wird verletzt sein	wird verletzt gewesen sein
wir	werden verletzt sein	werden verletzt gewesen sein
ihr	werdet verletzt sein	werdet verletzt gewesen sein
sie/Sie	werden verletzt sein	werden verletzt gewesen sein

Imperativ

sei verletzt • seien wir verletzt • seid verletzt • seien Sie verletzt

	Konjunktiv	
	Konjunktiv I	**Konjunktiv II**
ich	sei verletzt	wäre verletzt
du	sei(e)st verletzt	wär(e)st verletzt
er/sie/es	sei verletzt	wäre verletzt
wir	seien verletzt	wären verletzt
ihr	sei(e)t verletzt	wär(e)t verletzt
sie/Sie	seien verletzt	wären verletzt
	Perfekt	**Plusquamperfekt**
ich	sei verletzt gewesen	wäre verletzt gewesen
du	sei(e)st verletzt gewesen	wär(e)st verletzt gewesen
er/sie/es	sei verletzt gewesen	wäre verletzt gewesen
wir	seien verletzt gewesen	wären verletzt gewesen
ihr	sei(e)t verletzt gewesen	wär(e)t verletzt gewesen
sie/Sie	seien verletzt gewesen	wären verletzt gewesen
	Futur I	**Futur II**
ich	werde verletzt sein	werde verletzt gewesen sein
du	werdest verletzt sein	werdest verletzt gewesen sein
er/sie/es	werde verletzt sein	werde verletzt gewesen sein
wir	werden verletzt sein	werden verletzt gewesen sein
ihr	werdet verletzt sein	werdet verletzt gewesen sein
sie/Sie	werden verletzt sein	werden verletzt gewesen sein

Infinitiv	Partizip	
Perfekt	**Partizip I**	**Partizip II**
verletzt gewesen sein	verletzt seiend	verletzt gewesen

Verben mit Präposition

Verb mit Akkusativ → A / D ← Verb mit Dativ

Verb	A/D	Beispiel
abhängen von	D	Der Erfolg des Geschäfts hängt von vielen Faktoren ab.
achten auf	A	Achten sie auf Ihre Wertsachen.
ändern an	D	An dieser Situation können wir nichts ändern.
anfangen mit	D	Sie hat mit dem Klavierunterricht angefangen.
ankommen auf	A	Das kommt auf das Wetter an.
sich anpassen an	A	Du musst dich nicht an jeden Trend anpassen.
anrufen bei	D	Hast du schon bei deinem Arzt angerufen?
antworten auf	A	Könntest du bitte auf meine Frage antworten?
sich ärgern über	A	Klaus ärgert sich über seinen Kollegen.
auffordern zu	D	Er forderte seine Partei zu mehr Geschlossenheit auf.
aufhören mit	D	Sie hat mit dem Rauchen aufgehört.
aufpassen auf	A	Ich muss auf meinen kleinen Bruder aufpassen.
sich aufregen über	A	Reg dich nicht über die Nachbarn auf.
ausgeben für	A	Sie gibt ihr ganzes Geld für neue Klamotten aus.
sich bedanken bei / für	D A	Wir bedanken uns bei den Fans für ihre Treue.
sich befassen mit	D	Der Artikel befasst sich mit dem Klimawandel.
sich befreien von	D	Durch Meditation hat sie sich von dem Druck befreit.
beginnen mit	D	Um acht Uhr beginnt er mit der Arbeit.
beitragen zu	D	Vieles hat zu der Katastrophe beigetragen.
sich beklagen über	A	Sie beklagt sich nie über die Arbeit.
sich bemühen um	A	Ich habe mich um Anerkennung bemüht.
berichten über	A	Es wurde ausgiebig über die Krise berichtet.
berichten von	D	Ich habe dir doch von meinem Projekt berichtet.
sich beschäftigen mit	D	Er beschäftigt sich mit den Finanzen.
sich beschweren über	A	Der Nachbar beschwerte sich über den Lärm.
bestehen auf	A	Ich bestehe darauf, dass du noch bleibst.
bestehen aus	D	Die Prüfung besteht aus vier Teilen.
sich beteiligen an	D	Beteiligst du dich an dem Geschenk?
sich bewerben um	A	Sie bewarb sich um die Stelle als Chefköchin.

Verb	A/D	Beispiel
sich bewerben bei	D	Er hat sich bei vielen Kanzleien beworben.
sich beziehen auf	A	Ich beziehe mich auf Ihr letztes Schreiben.
bitten um	A	Ich bitte um eine schnelle Rückmeldung.
danken für	A	Er bedankte sich für die vielen Glückwünsche.
denken an	A	Ich habe den ganzen Tag an dich gedacht.
dienen zu	D	Das Geld dient zur Verbesserung der Verpflegung.
diskutieren über	A	Sie diskutieren immer über die Finanzlage.
sich eignen für	A	Diese Schuhe eignen sich gut für Wanderungen.
einladen zu	D	Ich lade dich gerne zu einem Glas Wein ein.
sich einsetzen für	A	Wir setzen uns für Ihre Interessen ein!
sich engagieren für	A	Sie engagieren sich für einen guten Zweck.
sich entscheiden für	A	Er hat sich für die Stelle entschieden.
sich entschuldigen für	A	Wir entschuldigen uns für die Verspätung.
sich entschuldigen bei	D	Ich muss mich bei meiner Freundin entschuldigen.
erfahren von	D	Er hat von dem Unglück noch nichts erfahren.
sich erholen von	D	Bei uns können Sie sich von Ihrem Stress erholen.
sich erinnern an	A	Ich glaube, sie erinnert sich nicht mehr an mich.
erkranken an	D	Er ist an Parkinson erkrankt.
sich erkundigen nach	D	Sie erkundigte sich nach günstigen Wohnungen.
erschrecken vor	D	Er hat sich vor einer Katze erschreckt.
erzählen von	D	Sie hat sie ganze Zeit nur von ihrem Freund erzählt.
experimentieren mit	D	Der Forscher experimentiert mit Ratten und Mäusen.
fehlen an	D	Ihnen fehlt es an Glaubwürdigkeit.
fragen nach	D	Die Polizei hat nach dir gefragt.
sich freuen auf	A	Wir freuen uns auf deinen Besuch.
sich freuen über	A	Sie hat sich sehr über die Kette gefreut.
führen zu	D	Das führt wieder zu einem Streit.
sich fürchten vor	D	Peter fürchtet sich vor Schlangen.
garantieren für	A	Wir garantieren für Ihre Sicherheit.
gehen um	A	Bei diesem Spiel geht es um den Klassenerhalt.
gehören zu	D	Das Ehepaar gehört zu einer Sekte.
geraten in	A	Wie bist du nur in diese Situation geraten?

Verb	A/D	Beispiel
sich gewöhnen an	A	Er hat sich schnell an die neuen Verhältnisse gewöhnt.
glauben an	A	Sie glauben an die Wirkung von Edelsteinen.
gratulieren zu	D	Wir gratulieren zur bestandenen Prüfung.
halten für	A	Er hält sich selbst für einen Star.
sich halten an	A	Jeder muss sich an die Regeln halten.
sich handeln um	A	Es handelt sich um ein teures Unikat.
hinweisen auf	A	Er wurde auf die Gefahren hingewiesen.
hoffen auf	A	Die Landwirte hoffen auf eine gute Ernte.
informieren über	A	Wir müssen uns über die Details informieren.
sich interessieren für	A	Er interessiert sich für Motorräder.
sich irren in	D	In dieser Sache irrst du dich.
kämpfen gegen	A	Am Samstag kämpft er gegen den Weltmeister.
kämpfen mit	D	Jetzt haben wir mit den Folgen zu kämpfen.
kämpfen um	A	Sie kämpfen vor Gericht um das Sorgerecht.
klagen gegen	A	Du solltest gegen die Firma klagen.
klagen über	A	Immer klagt sie über Kopfschmerzen.
sich konzentrieren auf	A	Ich muss mich auf die Arbeit konzentrieren.
sich kümmern um	A	Kannst du dich um die Gäste kümmern?
lachen über	A	Keiner hat über den Witz gelacht.
leiden an	D	Sie litt sehr an Migräne.
leiden unter	D	Er leidet sehr unter der Einsamkeit.
liegen an	D	Das liegt an deiner Faulheit, nicht am Lehrer.
nachdenken über	A	Darüber muss ich erst nachdenken.
neigen zu	D	Er neigt zu Gewaltausbrüchen.
passen zu	D	Der Rock passt gut zu deiner Bluse.
protestieren gegen	A	Sie protestieren gegen das neue Gesetz.
sich rächen an	D	Er wird sich an ihr rächen wollen.
raten zu	D	Da kann ich nur zur Geduld raten.
reagieren auf	A	Wie hat sie auf den Antrag reagiert?
rechnen mit	D	Wir rechnen jeden Tag mit einer Zusage.
reden über	A	Sie will mit Paul über den Film reden.
sich richten nach	D	Ich richte mich ganz nach dir.
riechen nach	D	Es riecht hier lecker nach frischen Brötchen.

Verb	A/D	Beispiel
schmecken nach	D	Die Soße schmeckt sehr nach Ingwer.
schreiben an	A	Lisa schreibt an den Weihnachtsmann.
schreiben an	D	Sie schreibt an ihrem neuen Buch.
schützen vor	D	Vitamin C schützt vor Erkältungen.
sich sehnen nach	D	Er sehnt sich nach Urlaub.
sorgen für	A	Sie sorgt für ihren kranken Mann.
sich sorgen um	A	Sie sorgt sich um ihre Gesundheit.
sprechen mit	D	Kann ich mit Ihrem Chef sprechen?
sprechen über	A	Wir müssen über deine Noten sprechen.
sprechen von	D	Er spricht nur noch von ihr.
staunen über	A	Das Kleinkind staunt über den Schnee.
sterben an	D	Sie starb an Malaria.
sterben für	A	Sie sind bereit, für ihren Glauben zu sterben.
streiten um	A	Wir stritten uns um das letzte Stück Kuchen.
sich streiten über	A	Müsst ihr euch immer über Politik streiten?
sich streiten mit	D	Ich habe mich mit ihm gestritten.
teilnehmen an	D	An dem Seminar nehmen 20 Personen teil.
träumen von	D	Sie träumen von Frieden und Freiheit.
überreden zu	D	Er hat mich zu diesem Ausflug überredet.
sich verabschieden von	D	Wir müssen uns leider von euch verabschieden.
verbinden mit	D	Was verbindest du mit dem Begriff „Heimat“?
vergleichen mit	D	Man kann Äpfel nicht mit Birnen vergleichen.
sich verlassen auf	A	Wir haben uns auf die Prognosen verlassen.
vertrauen auf	A	Wir müssen auf bessere Zeiten vertrauen.
sich verwandeln in	A	Der Fluss verwandelte sich in einen reißenden Strom.
verzichten auf	A	Dieses Jahr müssen wir auf Urlaub verzichten.
sich vorbereiten auf	A	Paul hat sich gut auf die Prüfung vorbereitet.
warnen vor	D	Niemand hat vor den Risiken gewarnt.
warten auf	A	Wartet nicht auf mich.
sich wehren gegen	A	Ich muss mich gegen diesen Angriff wehren.
sich wenden an	A	Wenden Sie sich an die Verbraucherzentrale.
sich wundern über	A	Sie wunderte sich über seine Verschlossenheit.
werben für	A	Künstler werben für Völkerverständigung.
zählen zu	D	Er zählt zu den Besten aus seinem Jahrgang.
zweifeln an	D	Sie begannen, am System zu zweifeln.

Zeichensetzung

Die Satzschlusszeichen

Die grundlegenden Satzschlusszeichen sind bei ...

... Aussagesätzen **der Punkt**:

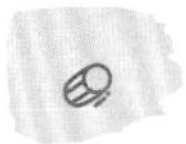

Ich wohne da.

... Fragesätzen **das Fragezeichen**:

Wo wohnst du?

... Ausrufe- und Befehlssätzen **das Ausrufezeichen**:

Hier ist's schön! Komm her!

Die Anführungszeichen

Vorangestellter Redebegleitsatz

- Am Ende des vorangestellten Redebegleitsatzes steht ein Doppelpunkt.
- Die folgende direkte Rede wird durch Anführungszeichen eingerahmt. Die Zeichen innerhalb und am Ende der Sätze der direkten Rede bleiben unverändert.

Sie erklärt: „Berlin ist wunderbar."
Sie fragt: „Ist Berlin wunderbar?"
Sie befiehlt: „Fahre nach Berlin!"

Nachgestellter Redebegleitsatz

- Die direkte Rede steht auch hier in Anführungszeichen. Nach ihr steht ein Komma, wenn auf sie der Redebegleitsatz folgt.
- Endet die vorangestellte direkte Rede mit einem Frage- oder Ausrufezeichen, so bleibt dieses Zeichen erhalten. Ein Punkt am Ende der direkten Rede dagegen entfällt.

„Berlin ist wunderbar", erklärt sie.
„Ist Berlin wunderbar?", fragt sie.
„Berlin ist eine Reise wert!", ruft sie laut.

Eingeschobener Redebegleitsatz

Wenn der Direkte-Rede-Satz nach dem Begleitsatz weitergeführt wird, dann
- steht vor und nach jedem Teil der direkten Rede ein Anführungszeichen,
- wird der eingeschobene Begleitsatz von Kommas eingeschlossen,
- bleiben die anderen Zeichen im Direkte-Rede-Satz unverändert,
- folgt nach dem schließenden Anführungszeichen des letzten Teils der direkten Rede kein Punkt.

„Berlin ist", erklärt sie, „eine wunderbare Stadt."
„Ist Berlin", fragt sie, „eine wunderbare Stadt?"
„Fahre", befiehlt sie, „nach Berlin!"

Wenn der Begleitsatz dagegen nach dem ersten Abschnitt der direkten Rede endet, gilt der Rest der direkten Rede als eigenständiger Satz, der groß beginnt:

„Berlin ist eine wunderbare Stadt", erklärt sie. „Ich fahre bald wieder hin."
„Ist Berlin eine wunderbare Stadt?", fragt sie. „Lohnt sich eine Fahrt dorthin?"
„Berlin ist eine Reise wert!", ruft sie aus. „Meinst du nicht auch?"

Achten Sie auf die richtige Reihenfolge der Zeichen!
Das gilt vor allem, wenn ein Komma und ein Anführungszeichen nebeneinanderstehen.

Dieselben Regeln gelten übrigens auch für die wörtliche Wiedergabe fremder Textstellen, also bei Zitaten.

„Wer von Grund aus Lehrer ist", schreibt Friedrich Nietzsche in „Jenseits von Gut und Böse", „nimmt alle Dinge nur in Bezug auf seine Schüler ernst – sogar sich selbst."

Die Kommasetzung

Das Komma zwischen (Teil-)Sätzen

- Das Komma trennt aneinander gereihte Hauptsätze, die durch keine Konjunktion verbunden sind. Sind sie dagegen durch **und**, **oder**, **bzw.**, **weder** – **noch**, **entweder** – **oder** verbunden, kann ein Komma stehen, muss es aber nicht.

  Sie hatte Recht, Berlin ist schön, es ist eine Reise wert. Berlin ist schön(,) und es ist eine Reise wert. Entweder wir fahren nach Berlin(,) oder wir bleiben da.

- Vor bestimmten nebenordnenden, entgegensetzenden und einschränkenden Konjunktionen steht ein Komma, vor allem vor **aber**, **sondern**, **doch**, **vielmehr**, **einerseits** – **anderseits**, **halb** – **halb**.

  Halb freuten wir uns, halb ärgerten wir uns.

- Das Komma steht vor und nach einem eingeschobenen Satz. Stattdessen sind auch Gedankenstriche möglich.

  Am Morgen, ich war noch müde, rief sie mich an. Am Morgen – ich war noch müde – rief sie mich an.

- Zwischen Haupt- und Nebensatz steht ein Komma.

  Wenn ich nach Berlin fahre, amüsiere ich mich.

- Das Komma trennt auch Nebensätze. Ausnahme: Sind Nebensätze durch **und**, **oder**, **bzw.** verbunden, darf kein Komma stehen.

  Berlin ist eine Stadt, die viel zu bieten hat, weil sie riesig ist und / oder / bzw. weil dort viele Menschen wohnen.

- Unvollständige Sätze werden wie vollständige Sätze behandelt. Unvollständige Nebensätze stehen allerdings oft ohne Komma, weil sie formelhaft geworden sind. Man kann jedoch auch hier ein Komma setzen.

  So eine Gemeinheit, dass Berlin so weit weg ist! Ich weiß nicht, was tun.
  Ich fahre(,) wenn nötig(,) schon morgen.

Das Komma bei Infinitiv- und Partizipgruppen

Erweiterte Infinitiv- und Partizipgruppen werden unter bestimmten Bedingungen durch ein Komma abgetrennt:

- Die Infinitiv- oder Partizipgruppe hängt von einem Platzhalter („Korrelat“) ab oder der übergeordnete Satz enthält ein Wort, das auf die Gruppe verweist:

  Ich liebte es, nach Berlin zu fahren. Es war schön, nach Berlin zu reisen. Ich dachte daran, nach Berlin zu fahren. Frisch verliebt, so buchte Marco sofort.

- Die Infinitivgruppe hängt von einem Substantiv ab.

  Ich fasste den Plan, heimlich abzureisen. Der Plan gefiel mir, einfach nach Berlin zu fahren. Dieser Versuch, nach Berlin zu fahren, gelang.

- Die Infinitiv- oder Partizipgruppe ist ein nachgestellter Zusatz zu einem Substantiv oder Pronomen und unterbricht dabei den üblichen Satzfluss:

  Marco, vom Reisefieber ergriffen, buchte sofort. Er, ohne einen Moment zu zögern, buchte sofort.

- Die Infinitivgruppe wird durch **als**, **anstatt**, **außer**, **ohne**, **statt**, **um** eingeleitet:

  Ich fuhr los, um zu shoppen. Mir fiel Besseres ein, als einzukaufen. Ich fuhr, ohne zu zögern, ins Kino.

In anderen Fällen steht es dem Schreiber frei, Infinitivgruppen mit Komma abzugrenzen. Das gilt auch für den Fall, dass auf einen bloßen Infinitiv verwiesen wird bzw. er von einem Substantiv abhängt:

Ich freute mich(,) nach Berlin zu fahren. Ich freute mich darauf(,) zu fahren. Ich liebte es(,) zu fliegen. Der Plan(,) abzureisen(,) bestand schon lange.

- Infinitivgruppe: Infinitiv mit **zu** + mindestens ein erweiterndes Wort.
  Partizipgruppe: Partizip + mindestens zwei weitere Wörter.
- Wenn vor einer Gruppe ein Komma steht, muss danach auch eines stehen (außer es folgt ein Punkt).

Das Komma bei Aufzählungen

Zwischen den Gliedern einer Aufzählung steht ein Komma, wenn sie nicht durch **und**, **oder**, **sowie**, **sowohl – als auch**, **weder – noch**, **entweder – oder**, **bzw.**, **wie** (im Sinne von auch) verbunden sind.

Ich fuhr nach Berlin, Potsdam, Hannover. Ich fuhr erst nach Berlin, dann nach Potsdam. Ich besuchte die schöne, lebendige, leider sehr laute Hauptstadt.

Kein Komma steht, wenn in einer Aufzählung das letzte Adjektiv mit dem Substantiv einen Gesamtbegriff bildet (und mit dem Adjektiv davor nicht durch **und** verbunden werden kann), z. B.:
In den letzten großen Ferien war ich in Berlin.

Das Komma bei herausgehobenen Satzteilen

Satzteile, die sich vom übrigen Satz besonders abheben, werden durch Kommas abgetrennt.

Die wichtigsten Fälle sind:

- Appositionen:
  In Berlin, einer Großstadt, ist was los.
- Anreden:
  Kommst du mit, Marco?
- nachgestellte Erläuterungen (Einleitungswörter: und zwar, und da, zum Beispiel, insbesondere, das heißt u. a.):
  Ich reise nach Berlin, und zwar bald.
- hinweisende Wörter, die Satzteile wieder aufnehmen:
  Diese Stadt, die gefällt mir.
- Dankesausdrücke:
  Danke, mir geht es gut.
- Interjektionen, Ausdrücke der Bejahung, Verneinung, des Bedauerns, der Bitte (Hier steht ein Komma nur, wenn sie besonders betont sind):
  Oh(,) wie gefällt mir Berlin!
  Bitte(,) komm mit!

Viele benutzen die Regel, nach der man Einschübe, Erläuterungen und dgl. mit Komma abgrenzen kann, zu oft, was die Lesbarkeit herabsetzt und grammatikalisch überhaupt nicht notwendig ist:

- ungünstig: Wir fuhren, schon vor einigen Tagen, nach Berlin.
- besser: Wir fuhren schon vor einigen Tagen nach Berlin.

Der Apostroph

Der Apostroph zeigt an, dass in einem Wort ein Buchstabe oder mehrere ausgelassen sind. Verpflichtend ist er in drei Fällen:

- beim Genitiv von Eigennamen, deren Grundform auf einen s-Laut (**-s, -ss, -ß, -tz, -z, -x, -ce**) endet, außer es steht ein Artikel o. Ä. dabei:
  Aristoteles' Bücher (aber: **die Bücher des Aristoteles**), **Alice' Idee**;
- bei Auslassungen in Wörtern, die ohne Kennzeichnung schwer lesbar oder missverständlich sind:
  's ist wirklich nicht leicht; nur wen'ge Augenblicke;
- bei Auslassungen in Wörtern wie **D'dorf** (= **Düsseldorf**), **Ku'damm** (= **Kurfürstendamm**);

Der Strichpunkt (das Semikolon)

Mit dem Strichpunkt kann man gleichrangige Sätze oder Teilsätze abgrenzen. Der Grad der Abgrenzung ist größer als bei einem Komma, aber geringer als bei einem Punkt (die meist auch stehen könnten).

In Berlin ist viel los; das hat mich tief beeindruckt.

Der Gedankenstrich

Den Gedankenstrich kann man verwenden:

- zur Ankündigung von etwas Unerwartetem:
  Ich flog in den Ferien nach Alaska und sah – meinen Lehrer!
- um zwischen zwei Sätzen einen Wechsel (z. B. des Sprechers) deutlich zu machen:
  „Wo bist du?" – „Hier bin ich."
- zur Abgrenzung von Zusätzen oder Einschüben:
  Mein Lehrer – ein Vielreiser – war auch in Alaska. Eines Nachts – ich weiß das noch genau – begegnete ich ihm. Er aber, – so eine Frechheit! – übersah mich.

  In diesen Fällen können oft auch andere Zeichen stehen, z. B. Doppelpunkte, Kommas, Klammern.

Grundbegriffe der Grammatik

Adjektiv, das	Eigenschaftswort, Wiewort
Adverb, das	Umstandswort (Wortart)
Adverbial, das	Umstandsbestimmung (Satzglied)
Adverbialsatz, der	Nebensatz, der im Satzgefüge als Adverbiale dient
Akkusativ, der	4. Fall, Wen-oder-was-Fall
Aktiv, das	Tatform des Verbs (Zeitwort): **ich kaufe**
Apposition, die	nachgestellte substantivische Erläuterung (Sonderform des Attributs): **Das Auto, ein schneller Flitzer, ist rot.**
Artikel, der	Begleiter eines Substantivs / Nomens (**der …; eine …**)
Attribut, das	Beifügung, Ergänzung eines Substantivs, z. B. **das schnelle Auto** (Satzgliedteil)
Dativ, der	3. Fall, Wem-Fall
Deklination, die; deklinieren	Beugung eines Substantivs / Nomens, Adjektivs oder Pronomens durch verschiedene Fälle
Demonstrativpronomen, das	hinweisendes Fürwort, z. B. **dieser, jener …**
Femininum, das	Substantiv / Nomen weiblichen Geschlechts
Futur I, das	Zukunft 1: **ich werde schlafen**
Futur II, das	Zukunft 2: **ich werde geschlafen haben**
Genitiv, der	2. Fall, Wessen-Fall
Genus, das	Geschlecht des Substantivs
Genus Verbi, das	die Handlungsrichtung des Verbs (Aktiv, Passiv)
Hilfsverb, das	„hilft" anderen Verben, bestimmte Formen zu bilden: **sein, haben, werden;** z. B. **ich bin gelaufen**
Imperativ, der	Befehlsform des Verbs: **Laufe! Lauft!**
Imperfekt, das	1. Vergangenheit (= Präteritum): **ich lief, ich kaufte**
Indikativ, der	Wirklichkeitsform eines Verbs: **ich laufe, ich lief**
Infinitiv, der	Grundform des Verbs
Interjektion, die	Empfindungs-, Ausrufewort: **oh, igitt, pfui, rums …**
Interrogativpronomen, das	Fragepronomen: **wer, was, wie, wo, wann …**
Kardinalzahl, die	Grundzahl: **eins, zwei …** (vgl. Ordinalzahl)
Kasus, der	Fall (Nominativ, Genitiv, Dativ, Akkusativ)
Kausaladverb/ -adverbial, das	Umstandswort / Umstandsbestimmung des Grundes
Komparativ, der	erste Steigerungsstufe eines Adjektivs: **größer**
Konjugation, die; konjugieren	Beugung eines Verbs nach Person, Numerus, Modus, Tempus und Genus
Konjunktion, die	Bindewort: **aber, zwar, und, oder …**

Konjunktiv, der	Möglichkeitsform des Verbs: er schlage, er schlüge
Lokaladverb/-adverbial, das	Umstandswort/Umstandsbestimmung des Ortes
Maskulinum, das	Substantiv/Nomen männlichen Geschlechts
Modaladverb/-adverbial, das	Umstandswort/Umstandsbestimmung der Art und Weise
Modalverb, das	bestimmt eine Handlung näher: können, sollen, müssen ...
Modus, der	Aussageweise: Indikativ, Konjunktiv, Imperativ
Neutrum, das	Substantiv/Nomen sächlichen Geschlechts
Nomen, das	Hauptwort, Namenwort (= Substantiv)
Nominativ, der	1. Fall, Wer-Fall
Numerale, das	Zahlwort
Numerus, der	Anzahl
Objekt, das	Satzergänzung
Ordinalzahl, die	Ordnungszahl: erster, zweiter ... (vgl. Kardinalzahl)
Partizip I, das	Mittelwort der Gegenwart: fließend, gehend
Partizip II, das	Mittelwort der Vergangenheit geflossen, gegangen
Passiv, das	Leideform des Verbs: ich werde geschlagen
Perfekt, das	2. Vergangenheit: ich bin gelaufen, ich habe gekauft
Person, die	1. (ich/wir), 2. (du/ihr) oder 3. (er, sie, es/sie) Person

Personalpronomen, das	persönliches Fürwort: ich, du, er ...
Plural, der	Mehrzahl
Plusquamperfekt, das	3. Vergangenheit: ich war gelaufen
Possessivpronomen, das	besitzanzeigendes Fürwort: mein, dein, sein ...
Prädikat, das	Satzaussage
Prädikatsnomen, das	mit sein, werden, bleiben verbundenes Adjektiv oder Nomen: ich bin reich, ich werde Lehrer (Satzgliedteil)
Präposition, die	Verhältniswort: in, an, auf, neben, wegen ...
Präteritum, das	1. Vergangenheit (= Imperfekt): ich lief, ich kaufte
Pronomen, das	Fürwort
Reflexivpronomen, das	rückbezügliches Fürwort: ich kümmere mich ...
Relativpronomen, das	bezügliches Fürwort: der Mann, der/welcher ...
Subjekt, das	Satzgegenstand
Substantiv, das	Hauptwort, Namenwort (= Nomen)
Superlativ, der	höchste Steigerungsstufe des Adjektivs: der größte
Temporaladverb/-adverbial, das	Umstandswort/Umstandsbestimmung der Zeit
Tempus, das	Zeitstufe eines Verbs
Verbum/Verb, das	Zeitwort, Tätigkeitswort
Vollverb, das	Verb, das alleine stehen kann: singen, jubeln, kaufen

Bildnachweis

Vorwort: S. 3: Leremy/Shutterstock.com

Inhaltsverzeichnis: S. 4: RedKoala/Shutterstock.com; Leremy/Shutterstock.com (2) | S. 5: Jovanovic Dejan/Shutterstock.com; Leremy/Shutterstock.com | S. 6: Leremy/Shutterstock.com (2) | S. 7: Leremy/Shutterstock.com (2)

Bedienungsanleitung: S. 9: Leremy/Shutterstock.com (6)

Kapitel 1: S. 10/11: Inked Pixels/Shutterstock.com | S. 12: Leremy/Shutterstock.com (3); Syda Productions/Shutterstock.com; Oksana Kuzmina/Shutterstock.com | S. 13: daniilphotos/Shutterstock.com; margostock/Shutterstock.com (2) | S. 15: Leremy/Shutterstock.com (2); RedKoala/Shutterstock.com | S. 16: Leremy/Shutterstock.com (4); RedKoala/Shutterstock.com | S. 17: Leremy/Shutterstock.com (2); RedKoala/Shutterstock.com | S. 18: grey_and/Shutterstock.com (3); Anonymousz/Shutterstock.com; Kanchana P/Shutterstock.com; M. Unal Ozmen/Shutterstock.com; Sergiy Bykhunenko/Shutterstock.com; Drozdowski/Shutterstock.com | S. 19: Rawpixel.com/Shutterstock.com; Africa Studio/Shutterstock.com; Roman Samborskyi/Shutterstock.com | S. 20/21: Inked Pixels/Shutterstock.com

Kapitel 2: S. 22/23: Nogwish/Shutterstock.com | S. 24: Marish/Shutterstock.com | S. 25: Uber Images/Shutterstock.com | S. 26: Leremy/Shutterstock.com (3); Jovanovic Dejan/Shutterstock.com | S. 27: RedKoala/Shutterstock.com; SmileStudio/Shutterstock.com; Nastya22/Shutterstock.com | S. 28: Leremy/Shutterstock.com (2); Jovanovic Dejan/Shutterstock.com (2) | S. 29: Viacheslav Lopatin/Shutterstock.com | S. 30: Leremy/Shutterstock.com (2) | S. 31: Leremy/Shutterstock.com | S. 32: Leremy/Shutterstock.com (2); Jovanovic Dejan/Shutterstock.com (2) | S. 34: Resul Muslu/Shutterstock.com (6) | S. 35: Resul Muslu/Shutterstock.com (4) | S. 36: Birte Gernhardt/Shutterstock.com | S. 37: MillaF/Shutterstock.com | S. 38/39: Nogwish/Shutterstock.com | S. 39: Leremy/Shutterstock.com

Kapitel 3: S. 40/41: pixelliebe/Shutterstock.com | S. 42: Leremy/Shutterstock.com (7); Jovanovic Dejan/Shutterstock.com | S. 43: Leremy/Shutterstock.com (4) | S. 45: Evgeny Atamanenko/Shutterstock.com | S. 46: Monkey Business Images/Shutterstock.com | S. 47: pathdoc/Shutterstock.com | S. 48: Beto Chagas/Shutterstock.com | S. 49: Odua Images/Shutterstock.com; Samuel Borges Photography/Shutterstock.com; Luis Molinero/Shutterstock.com | S. 50/51: pixelliebe/Shutterstock.com | S. 51: PHILIPIMAGE/Shutterstock.com

Kapitel 4: S. 52/53: TypoArt BS/Shutterstock.com | S. 54: ivosar/Shutterstock.com; Mihai Blanaru/Shutterstock.com; Fotosr52/Shutterstock.com | S. 55: Leremy/Shutterstock.com (4) | S. 56: Olivier Tabary/Shutterstock.com | S. 57: gpointstudio/Shutterstock.com | S. 58: Leremy/Shutterstock.com (4) | S. 59: wavebreakmedia/Shutterstock.com | S. 60/61: TypoArt BS/Shutterstock.com

Kapitel 5: S. 62/63: Africa Studio/Shutterstock.com | S. 64: Andrey_Kuzmin/Shutterstock.com; lkpro/Shutterstock.com; Svetlana Foote/Shutterstock.com | S. 66: Yuganov Konstantin/Shutterstock.com | S. 67: monticello/Shutterstock.com | S. 68: bokan/Shutterstock.com; AS Inc/Shutterstock.com; Robert Kneschke/Shutterstock.com; YanLev/Shutterstock.com | S. 69: Leremy/Shutterstock.com; Dmitry Kalinovsky/Shutterstock.com | S. 70: oneinchpunch/Shutterstock.com | S. 71: Suzanne Tucker/Shutterstock.com | S. 72/73: Africa Studio/Shutterstock.com

Kapitel 6: S. 74/75: JazzBoo/Shutterstock.com | S. 76: pikselstock/Shutterstock.com; Gladskikh Tatiana/Shutterstock.com; Ariwasabi/Shutterstock.com | S. 77: Leremy/Shutterstock.com (8); Jovanovic Dejan/Shutterstock.com | S. 78: ASDF_MEDIA/Shutterstock.com; Leremy/Shutterstock.com (3) | S. 79: Leremy/Shutterstock.com (4); Jovanovic Dejan/Shutterstock.com (1) | S. 80: ProStockStudio/Shutterstock.com; Leremy/Shutterstock.com (2) | S. 81: Leremy/Shutterstock.com (3); RedlineVector/Shutterstock.com | S. 83: Leremy/Shutterstock.com (3); RedKoala/Shutterstock.com | S. 84: Leremy/Shutterstock.com; Jovanovic Dejan/Shutterstock.com | S. 84/85: JazzBoo/Shutterstock.com

Kapitel 7: S. 86/87: Oleksandr Kulichenko/Shutterstock.com | S. 88: Spectral-Design/Shutterstock.com; Rawpixel.com/Shutterstock.com; Vereshchagin Dmitry/Shutterstock.com; Sketchphoto/Shutterstock.com | S. 90: Antonio Guillem/Shutterstock.com | S. 91: Ida Karolina Rosanda/Shutterstock.com | S. 92: Rawpixel.com/Shutterstock.com; Ermolaev Alexander/Shutterstock.com | S. 93: Voyagerix/Shutterstock.com; Brian A Jackson/Shutterstock.com | S. 94: Iakov Filimonov/Shutterstock.com | S. 95: Leremy/Shutterstock.com; Jovanovic Dejan/Shutterstock.com (3) | S. 96: Leremy/Shutterstock.com (2); RedKoala/Shutterstock.com | S. 97: Jovanovic Dejan/Shutterstock.com; Leremy/Shutterstock.com; Tomsickova Tatyana/Shutterstock.com | S. 98: Ljupco Smokovski/Shutterstock.com; Aila Images/Shutterstock.com | S. 99: AXL/Shutterstock.com, Kaesler Media/Shutterstock.com | S. 100/101: Oleksandr Kulichenko/Shutterstock.com

Kapitel 8: S. 102/103: Kostikova Natalia/Shutterstock.com, Vladitto/Shutterstock.com | S. 104: Stefano Ember/Shutterstock.com | S. 105: Leremy/Shutterstock.com (2) | S. 106: Leremy/Shutterstock.com (3) | S. 107: Leremy/Shutterstock.com (4) | S. 108: pikselstock/Shutterstock.com; Apollofoto/Shutterstock.com | S. 109: Leremy/Shutterstock.com (5) | S. 110/111: Kostikova Natalia/Shutterstock.com, Vladitto/Shutterstock.com | S. 111: Leremy/Shutterstock.com (2)

Kapitel 9: S. 112/113: goir/Shutterstock.com, Titus and Co/Shutterstock.com | S. 114: Leremy/Shutterstock.com (5); Jovanovic Dejan/Shutterstock.com | S. 115: Supapun Narknimitrung/Shutterstock.com; Olena Yakobchuk/Shutterstock.com | S. 118: Leremy/Shutterstock.com (2) | S. 119: Leremy/Shutterstock.com (3) | S. 120: Max Bukovski/Shutterstock.com; Ljupco Smokovski/Shutterstock.com | S. 121: Leremy/Shutterstock.com (3) | S. 122: Leremy/Shutterstock.com (4) | S. 123: Leremy/Shutterstock.com | S. 124/125: goir/Shutterstock.com, Titus and Co/Shutterstock.com | S. 125: Leremy/Shutterstock.com (3)

Kapitel 10: S. 126/127: Piti Tangchawalit/Shutterstock.com | S. 128: Grigorita Ko/Shutterstock.com | S. 129: Grigorita Ko/Shutterstock.com (3) | S. 131: Leremy/Shutterstock.com (2) | S. 132: Borysevych.com/Shutterstock.com | S. 133: Jovanovic Dejan/Shutterstock.com (2); Leremy/Shutterstock.com (4); RedKoala/Shutterstock.com | S. 134: Leremy/Shutterstock.com; Nong Mars/Shutterstock.com | S. 135: wavebreakmedia/Shutterstock.com; Leremy/Shutterstock.com | S. 136: Halfpoint/Shutterstock.com | S. 136/137: Piti Tangchawalit/Shutterstock.com

Kapitel 11: S. 138/139: Olga Danylenko/Shutterstock.com | S. 140: Syda Productions/Shutterstock.com | S. 141: Leremy/Shutterstock.com | S. 142: Eng. Bilal Izaddin/Shutterstock.com | S. 143: Leremy/Shutterstock.com (4); Gabi Wolf/Shutterstock.com; dikobraziy/Shutterstock.com | S. 144: Antonio Guillem/Shutterstock.com | S. 145: haveseen/Shutterstock.com | S. 146: Leremy/Shutterstock.com (5); Jovanovic Dejan/Shutterstock.com | S. 147: Eiko Tsuchiya/Shutterstock.com | S. 148: Leremy/Shutterstock.com | S. 149: Leremy/Shutterstock.com (3) | S. 150/151: Olga Danylenko/Shutterstock.com

Kapitel 12: S. 152/153: Syr_y/Shutterstock.com | S. 154: Pressmaster/Shutterstock.com | S. 155: Kiselev Andrey Valerevich/Shutterstock.com | S. 156: Leremy/Shutterstock.com (9) | S. 158: ArchiVIZ/Shutterstock.com; Tadeas Skuhra/Shutterstock.com | S. 159: Leremy/Shutterstock.com | S. 162: Leremy/Shutterstock.com | S. 162/163: Syr_y/Shutterstock.com

Kapitel 13: S. 164/165: iStock.com/doomu | S. 166: Yuganov Konstantin/Shutterstock.com | S. 167: Leremy/Shutterstock.com (6); RedlineVector/Shutterstock.com (2) | S. 170: Evgeny Atamanenko/Shutterstock.com | S. 175: Rido/Shutterstock.com | S. 176/177: iStock.com/doomu

Kapitel 14: S. 178/179: iStock.com/anskuw | S. 180: Lungkit/Shutterstock.com | S. 181: Leremy/Shutterstock.com (2) | S. 182: Leremy/Shutterstock.com (2); Jovanovic Dejan/Shutterstock.com | S. 183: Leremy/Shutterstock.com (5) | S. 184: Leremy/Shutterstock.com (5) | S. 185: Leremy/Shutterstock.com (4) | S. 186/187: iStock.com/anskuw | S. 187: Roman023_photography/Shutterstock.com

Kapitel 15: S. 188/189: MvanCaspel/Shutterstock.com | S. 190: EvgeniiAnd/Shutterstock.com; ESB Professional/Shutterstock.com; Andrey_Popov/Shutterstock.com | S. 191: Leremy/Shutterstock.com (3) | S. 192: Leremy/Shutterstock.com (4) | S. 194: Leremy/Shutterstock.com (6) | S. 195: Leremy/Shutterstock.com | S. 196/197: MvanCaspel/Shutterstock.com | S. 197: Leremy/Shutterstock.com

Kapitel 16: S. 198/199: Audy39/Shutterstock.com, Ian Dyball/Shutterstock.com | S. 200: Leremy/Shutterstock.com (2) | S. 201: Oksana Kuzmina/Shutterstock.com | S. 202: Leremy/Shutterstock.com | S. 203: Leremy/Shutterstock.com (3) | S. 204: aarud/Shutterstock.com; Worranan Junhom/Shutterstock.com; Ayman alakhras/Shutterstock.com; Tarzhanova/Shutterstock.com; Visual Generation/Shutterstock.com | S. 205: finwal89/Shutterstock.com; Atstock Productions/Shutterstock.com; Anton-Burakov/Shutterstock.com | S. 206: mhatzapa/Shutterstock.com; MaraZe/Shutterstock.com; ArchiVIZ/Shutterstock.com; FamVeld/Shutterstock.com | S. 207: Di Studio/Shutterstock.com; CRM/Shutterstock.com; Ksander/Shutterstock.com | S. 208/209: Audy39/Shutterstock.com, Ian Dyball/Shutterstock.com | S. 209: Leremy/Shutterstock.com (2)

Kapitel 17: S. 210/211: Lightspring/Shutterstock.com | S. 212: Picsfive/Shutterstock.com | S. 213: jaroslava V/Shutterstock.com; Julian Weber/Shutterstock.com; varuna/Shutterstock.com; Laboko/Shutterstock.com; Elnur/Shutterstock.com; gresei/Shutterstock.com | S. 216: Dean Drobot/Shutterstock.com; Ljupco Smokovski/Shutterstock.com; Africa Studio/Shutterstock.com; pathdoc/Shutterstock.com; sematadesign/Shutterstock.com | S. 217: Leremy/Shutterstock.com | S. 218/219: Lightspring/Shutterstock.com

Kapitel 18: S. 220/221: Zhao jian kang/Shutterstock.com | S. 222: Leremy/Shutterstock.com | S. 223: Leremy/Shutterstock.com (5) | S. 224: Leremy/Shutterstock.com (4) | S. 225: Leremy/Shutterstock.com (4) | S. 226: Rawpixel.com/Shutterstock.com | S. 227: Leremy/Shutterstock.com (6) | S. 228/229: Zhao jian kang/Shutterstock.com

Kapitel 19: S. 230/231: nitsawan katerattanakul/Shutterstock.com | S. 234: Leremy/Shutterstock.com (3) | S. 235: Leremy/Shutterstock.com (3); Jovanovic Dejan/Shutterstock.com | S. 236: Rido/Shutterstock.com | S. 237: Leremy/Shutterstock.com; Gabi Wolf/Shutterstock.com | S. 238: Leremy/Shutterstock.com | S. 239: Leremy/Shutterstock.com | S. 240: Khosro/Shutterstock.com | S. 241: sylv1rob1/Shutterstock.com | S. 242/243: nitsawan katerattanakul/Shutterstock.com

Kapitel 20: S. 244/245: Sunny studio/Shutterstock.com | S. 246: Leremy/Shutterstock.com; ABO PHOTOGRAPHY/Shutterstock.com; Luis Molinero/Shutterstock.com; pathdoc/Shutterstock.com; TATSIANAMA/Shutterstock.com; kimberrywood/Shutterstock.com; Daxiao Productions/Shutterstock.com | S. 247: Dean Drobot/Shutterstock.com (2) | S. 248: Leremy/Shutterstock.com (3); RedKoala/Shutterstock.com | S. 249: SJitpitak/Shutterstock.com | S. 251: Leremy/Shutterstock.com (3) | S. 252: Cookie Studio/Shutterstock.com; stockfour/Shutterstock.com | S. 253: Leremy/Shutterstock.com | S. 254: admin_design/Shutterstock.com (2); Leremy/Shutterstock.com (5) | S. 255: Leremy/Shutterstock.com (6) | S. 256/257: Sunny studio/Shutterstock.com

Anhang: S. 258/259: Mauro Rodrigues/Shutterstock.com

Weitere Illustrationen und Modifikationen durch zweiband.media unter Verwendung von Grafikmaterial von freepik.com.